럭셔리
브랜드
시크릿

브랜드에 럭셔리의 Ego와 가치를 담아라
럭셔리 브랜드 시크릿

초판 1쇄 인쇄 2024년 1월 19일
초판 1쇄 발행 2024년 2월 5일

지은이 박유정

발행인 백유미 조영석
발행처 (주)라온아시아
주소 서울특별시 서초구 방배로 180 스파크플러스 3F

등록 2016년 7월 5일 제 2016-000141호
전화 070-7600-8230 **팩스** 070-4754-2473

값 18,500원
ISBN 979-11-6958-094-6 (13320)

럭셔리 브랜드 시크릿
LUXURY BRAND SECRET
박유정 지음
브랜드에 럭셔리의 Ego와 가치를 담아라
럭셔리 브랜드의 본질, 기획, 생산, 마케팅까지
모든 스펙트럼을 관통하는 퀀텀 점프 노하우!
글로벌 럭셔리 브랜드의 무대에서 활약한
최고의 럭셔리 크리에이티브 디렉터가 알려주는 뉴노멀 시대의
럭셔리 브랜딩 트렌드와 Future Insight!
MCM 기업 전략 헤드 추천!
전) MCM 글로벌 마케팅 브랜드 전략 시니어 디렉터 추천
전) MCM 글로벌 세일즈 머천다이징 본부장 추천!
RAON BOOK

RAON BOOK

몰입과 소통, 그리고 더 가치 있는 것을 향한 추진력이 빚어낸 성장에 대한 기록

박유정 님의 《럭셔리 브랜드 시크릿》은 살아 있는 책입니다. 저자의 넘치는 에너지와 '경험한 사람만이 말할 수 있는' 다양한 관점이 저서 곳곳에 녹아 있습니다. 지루할 틈 없이 이 책을 단숨에 읽어낸 것도, 또 여러 번 곱씹어 다시 읽게 된 것도 모두 저자가 오랫동안 쌓아 온 경험을 압축해 템포 있게 전달하고자 한 많은 노력이 있었기 때문입니다. 앞으로 미래 패션 디자이너, 상품 기획자, 럭셔리 경영자를 꿈꾸는 모든 분들과 더불어 타 업종에 계신 분들께도 일독을 권합니다.

박유정 저자 한 사람의 성장을 위한 분투기와 새로운 도전에 방점을 찍고 치열한 글로벌 럭셔리 산업에서 눈에 띄는 '성장 자산'을 축적한 MCM은 닮은 점이 많이 있습니다. 나은 것을 더 낫게 만드는 디자인 몰입의 경험과 상품을 더 가치 있는 상품으로 만드는 과감한 실행의 결과물들, 그리고 무엇보다 높은 수준, 보다 더 높은 곳에 이상향을 두고 꾸준히 노력해 온 축적된 시간이 저자 박유정과 글로벌 럭셔리 브랜드로 우뚝 선 MCM의 닮은 점입니다. 점과 선이 연결되어 면이 되는 것처럼 럭셔리 브랜드로 새로운 성장의 기틀을 마련한 MCM은 보이지 않는 곳에서 매일 격돌하며 최상의 경험과 제품을 만들기 위해 노력한 많은 분들의 많은 수고와 노력의 결과물입니다.

비전을 추구하는 리더와 함께 일하는 분들을 더욱 빛나게 만드는 기본기와 추진력, 그리고 소통 능력은 비단 럭셔리 패션 산업뿐만 아니라 다른 업종에서도 배울 점이 많이 있습니다. 각각 풀어야 할 문제의 형태 자체는 다를지언정 결국 문제를 다면적으로 바라보고 잘 해결해 나가는 과정은 분명 이를 관통하는 무엇인가가 있습니다. 저자의 탁월한 안목과 직설적인 화법, 주어진 상황을 돌파하는 실용적인 방법론이 곳곳에 묻어 있는《럭셔리 브랜드 시크릿》은 정말 혼자 보기 아까운 생생한 경험담의 묶음입니다.

앞으로 이 책이 더 많은 대학, 디자인 스쿨, 기업에서 읽히고 또 저자의 삶의 관점을 다양한 채널에서 더 자주 접할 수 있기를 바랍니다. 그리고 벌써 다음 저서가 기대됩니다. 저자의 손을 거쳐 탄생한 많은 'It Bag'들처럼《럭셔리 브랜드 시크릿》이 'It Book'으로 많은 분들에게 읽히고 또 널리 전파되길 기원합니다.

신명철 (Daniel Shin)
MCM 사업개발실장
Head Of Corporate Development

전체를 조망하는 인사이트와 경계를 넘나드는 세밀한 융합적 사고방식

박유정(Yvonne Youjung PARK) 저자와 MCM 글로벌 비즈니스를 함께 구축한 경험은 일반적인 기대를 넘어서는 혁신적이고 창의적인 것이었습니다.

저자는 전체를 조망하는 인사이트와 경계를 넘나드는 세밀한 융합적 사고방식으로 글로벌 비즈니스를 성공적으로 개척했습니다.

특히 중국을 위시한 아시아 마켓을 리드하는 럭셔리 소비자 행동모델에 대한 디테일한 분석을 통해 다각적인 많은 노력을 기울였습니다.

이러한 다양한 프로젝트와 연구를 통한 성공적인 상호교류는 전 세계의 글로벌 럭셔리 노마드와 신세대에게 MCM에 대한 흥미와 열광을 발현하게 하였습니다.

본인은 박유정 저자의 괄목할만한 성취에 대해 공유하게 되어 찬사를 보냅니다.

아울러 본서 《럭셔리 브랜드 시크릿》에 대해 응원하며 자랑스럽게 생각하는 동시에 독자들에게 적극 추천하는 바입니다.

Carol Fok

전) MCM 글로벌 세일즈 머천다이징 본부장

현) Charles and Keith 상무

MCM의 브랜드 성공 스토리, 그 중심에서 활약한 저자의 노하우와 지혜!

MCM의 황금기였던 2009~2019년 10년 동안 글로벌마케팅과 한국 마케팅팀을 이끌었던 나는 박유정 저자와 함께했기에 MCM 브랜드의 수많은 성공 스토리들을 쓸 수 있었다고 확신한다. 그녀와 여러가지 콜라보레이션 컬렉션들의 런칭과 글로벌 프로젝트들을 함께 진행하면서 New Luxury Brand를 전 세계에 정립하기 위해 치열하게 고민했고, 숱한 밤을 새우며 열정을 불살랐던 시간들이 있었기에 지금의 성공과 브랜드의 역사를 새롭게 써 나갈 수 있었다. 그리고 그 기간은 나에게도 큰 배움의 시간들이 되었음에 틀림이 없다.

실제로 오늘날 MCM을 있게 해준 스터드 박힌 획기적인 백팩을 처음 선보였던 것도 박유정 디자이너의 작품이었고, 첫 번째 글로벌 마케팅 콜라보레이션 프로젝트인 Craig Redman Shanghai Limited Edition 런칭도 마케팅 감각과 이해가 탁월했던 그녀가 디자인 파트너가 되어주었기에 멋진 스타트를 끊을 수 있었다. 그 이후에도 뉴욕 유명 스타일리스트 Patricia Field, 독일 현대미술가 Tobia Rehberger, 영국의 친환경 디자이너 Christopher Raeburn 등 유수의 크레이티브 아티스트들과의 콜라보레이션 프로젝트들도 모두 그녀의 손을 거치며 MCM의 아이덴티티를 입힐 수 있었다. 아울러 중국에서 대성공의 서막을 울린 베이징 글로벌 패션쇼와, 40주년 London Fashion Week 패션쇼 무대도 그녀의 헌신과 속도감 있는 실력이 아니었다면 불가능했을 것이라 생각한다.

항상 촉박했던 시간 속에서도 불과 2주 만에 40개가 넘는 풀 착장과 가방들을 샘플링하고 만들어내는 그녀와 디자인팀의 탁월한 속도와 능력에 지금도 감탄한다. 그녀의 디자인적인 혜안이 있었기에 있었기에 우리 마케팅팀들도 전 세계를 누비며 MCM의 브랜드 인지도를 높이고 New Luxury Brand로 성공적으로 포지셔닝하며 오늘날 MCM의 탁월한 브랜드 이미지를 만들어 갈 수 있었다.

그런 의미에서 이번에 박유정 크리에이티브 디렉터가 출판하는《럭셔리 브랜드 시크릿》책은 매우 큰 의미가 있으며, 한국이 새롭게 탄생시킨 명품 브랜드의 디자인을 이끌었던 그녀만의 노하우와 소중한 지혜가 담겨 있기에 기쁘게 추천사를 쓴다. 저자는 내가 같이 일해본 크리에이티브 분야 종사자 중 같이 일하며 가장 신나고 호흡이 가장 잘 맞았던 디자이너다.

새로운 것을 시도하는 것을 두려워하지 않는 과감하고 볼드한 디자인 감성과 탁월한 실력을 가진 그녀는 마케팅과 브랜딩 전문가인 내가 글로벌 프로젝트들을 함께 이끌면서 크리에이티브 파트너로서 가장 의지하고 신뢰할 수 있었던 멋진 동료이자 MCM의 보물이었다.

그 시절 우리는 글로벌 럭셔리 비즈니스를 무대로 New Luxury Brand를 만들어가고자 여러가지 혁신적인 시도들을 했다. 그리고 때로는 여러 사람들의 반대에도 불구하고 투지와 노력과 열정을 불사름에 있어 서로를 믿어준 우리의 파트너십이 있었기에 힘들었던 시절들을 함께 견디며 끝내는 성공을 맛볼 수 있었다.

무엇보다 박유정 디자이너처럼 한결같이 열정 가득하고 흔들리지 않는 탁월한 실력의 크리에이티브 파트너가 있었기에 이런 성공이 가능했다.

그녀의 이번 저서가 앞으로 대한민국의 훌륭한 미래 브랜드들을 이끌어 갈 많은 디자이너, 아티스트, 브랜딩 전문가, 그리고 마케터에게 큰 영감이 되고 동기부여가 될 수 있기를 진심으로 소망하며 응원한다.

이기숙 (KRIS LEE)

전) MCM Head of Brand Strategy & Global Marketing

전) L'Oréal Korea/Columbia Sportswear USA Global Marketing Sr. Director

현) Good Hands Company USA CEO

럭셔리라는 통로를 통한 일체론적인 가치와 비전

팬데믹 이후 세상의 가치관과 생활 양식이 바뀌었고, 바뀌고 있는 중입니다. 이러한 부분을 체감하고 계신지요? 이처럼 달라진, 달라질 세상에 대한 적응의 관점에서 이 책을 집필하게 되었습니다.

패션은 인류가 태동하면서부터 존재해 왔습니다. 동물의 가죽과 잎사귀, 아니면 특별한 빛을 내는 돌을 모아 표현한 것이든지 말이죠. 특히 럭셔리의 의미는 특정 단위 사회에서 제천의식을 거행한 순간부터 존재했습니다. 럭셔리의 모든 것이 특별한 경험을 위한 숭배 대상을 향한 표현이기 때문입니다. 의, 식, 주에서 의가 가장 앞을 차지하고 있는 것도 생각해 보아야 할 부분입니다. 인류는 개인을 표현하고 차별화하고 꾸미는 데 항상 우선순위를 두어 왔습니다. 이것이 바로 패션이기에 인간의 기본과 떼려야 뗄 수 없는 것입니다.

개인의 삶에 대한 진정성 있는 가치관과 발달한 인공지능을 포함한 테크놀로지가 생활에 밀접하게 적용되고 있습니다. 이처럼 급변하는 세상의 조류에 개인이 적극적으로 윤리관에 맞춘 뷰로 대응할 수 있을까요?

제가 전달하고 싶은 것을 세 가지로 요약합니다.

첫째, 남들과 다른 시도를 하세요. 창의적인 역발상을 통한 변환이 필요한 시점입니다.

둘째, 사회와 소통을 하세요. 사회의 변화하는 라이프 스타일과 트렌드 동향에 대해 항시 체크하는 태도가 필요한 시점입니다.

셋째, 타 영역과의 이종결합 콜라보레이션을 진행하세요. 문화와 예술, 음악과 역사, IT 트렌드에 대한 과감한 융합이 필요한 시점입니다.

위기 속에 기회가 있습니다. 지금이 그 시점입니다. 주변을 점검하여 보고 이종 간의 창의적인 결합을 통해서 새로운 차원 상승을 위해 현상에 대한 것을 보완, 변화시키는 노력을 기울여야 한다는 취지로 이 책에서는 '퀀텀 시프트'를 강조합니다.

퀀텀은 양자물리학에서 주로 쓰이는 개념으로, 전자의 궤도가 다른 차원으로 도약을 하는 것을 의미합니다. 이는 곧 물질의 물리적 변화뿐 아니라 화학적으로도 전혀 다른 성질의 변화를 가져오는 차원이 다른 도약입니다.

럭셔리 비즈니스의 국면에서도 일차원적인 일대일 간의 융합에 대한 시도는 현재에도 이루어지고 있습니다. 하지만 제가 언급하고 싶은 부분은 입체적인 접근을 통한 다발성 멀티 융합으로의 접근을 의미합니다. 평면적인 시도를 벗어나 공감각적인 몰입환경 유도를 통해 융합의 새로운 스테이지, 차원으로의 이행을 기대할 수 있습니다. 그러한 전망으로 이와 같은 접근을 퀀텀 시프트라고 명명하였으며, 이런 관점을 패션과 럭셔리에 적용하고자 합니다.

이러한 다각적 변환을 통해 급상승의 효과를 기대할 수 있습니다. 그리고 이같은 변화는 개인이 체감하기 전에 이미 우리 곁에 부지불식간에 다가와 있을 겁니다. 향후 사회 맥락적 부분을 이해하고 준비하는 자와 그렇지 못한 자들의 격차는 크게 벌어질 것으로 예상합니다. 모든 것들은 유기적으로 결합되어 있습니다. 우리가 사는 세상은 현재 전문 분야로 세분화되어 있습니다. 각기 다른 요소들의 복합적인 결합으로 개인을 둘러싼 환경을 이루고 있으며, 이러한 요소들이 그물망처럼 연결되어 문화와 라이프 스타일, 현재를 만들고 있습니다.

이 책에서는 특히 럭셔리 비즈니스 분야에 포커스를 맞추고자 합니다. 여기에 더하여 전달하고자 하는 메시지는 럭셔리라는 통로를 통한 일체론적인 가치와 비전입니다. 이 분야에서 진정성을 가지고 접근하면 럭셔리 부분 전체에 대한 맥락과 가치, 비전에 대한 설명도 가능하리라 기대합니다.

럭셔리에 대해서 세계 1위로 소비하고 있는 국가가 한국입니다. 게다가 Z세대가 가장 관심 있는 분야도 럭셔리 패션입니다. 이렇게 즐기면서 소비되는 라이프 스타일에 대해, 럭셔리에 관심이 있고 소비하고 있는 모든 분들, 럭셔리 브랜드에 종사하시는 분들, 특별히 라이프 스타일 중 패션에 대해 진지하게 앞날을 준비하는 학생들에게 이 책을 권하고자 합니다.

이 책은 럭셔리에 관한 현재 상태와 미래에 대해 중점을 두어 설명하고 있습니다. 학술적이고 패션의상학적인 관점이 아님을 밝혀 둡니다. 아울러 과거에 대한 역사적인 분류도 아님을 명기합니다. 이를 위해 되도록 전달하고자 하는 메시지를 두괄식으로 명기하고자 했습니다.

저는 패션 액세서리를 메인으로 진행하는 글로벌 럭셔리 비즈니스에서 25년간 지속적으로 지식과 프로세스 노하우를 쌓아 왔으며, 글로벌 패션마켓의 성공 경험과 히트 디자인, 유니크한 소재를 제안하여 리딩해 왔습니다. 유니섹스와 여성 라이프 스타일에 대한 포괄적 기획과 다양한 프로젝트 콜라보레이션, 글로벌 패션쇼에 대한 경험과 히트 스타일에 대한 전방위적인 카테고리 스트럭처에 대한 전략, 스페셜한 고가상품에 대한 익스클루시브 상품을 진행했습니다. 아울러 브랜드 컨설팅과 대학 강단에서의 교수직 경험을 통해 세대 간 소통에 적극적으로 임해 왔습니다. 글로벌 다국적 인원들과 협업을 통한 다수의 프로젝트 결과물을 이루어 내었고, 이것은 현실에 안주하지 않고 호기심을 가지고 새로움을 추구하는 패션의 본질과 맞닿아 있다고 할 수 있습니다.

"제품은 마켓에 넘쳐난다. 그러나 패션은 제품이 전부가 아니다. 패션은 당신이 입어보고, 그 아이디어와 사랑에 빠져 결국 제품을 소유하게 만드는 창의적이고 매혹적인 아이디어가 핵심이다. 따라서 소비자는 그 아이디어를 산 것이지 물건을 구입한 것이 아니다."

이러한 모토를 염두에 두며 크리에이티브 럭셔리 라이프 스타일이라는 비즈니스 필드에서 새로운 흐름에 대해 유연하게 수용하는 포용력과 적극성 있는 책임감으로 대처하여 왔습니다. 이러한 경험을 바탕으로 진실성에 입각한 럭셔리에 관한 경험을 나누고자 합니다.

박유정

Yvonne Youjung PARK

퀀텀(QUANTUM)이란?

□ 물리학에서는 양자를 의미

□ 에너지의 덩어리, 모든 물리적 독립체의 최소 단위

□ 경영 & 마케팅 서적에서도 최근 주목받는, 기업의 극단적 혁신을 함축하는 개념

Contents

Chapter. 3

럭셔리 소비 주체로서 Z세대 Next Generation에 대한 이해

Chapter. 4

럭셔리 헤리티지와 본질에의 탐구와 여정

Chapter. 5

럭셔리 헤리티지의 근원 탐구

Chapter. 6

퓨쳐 럭셔리 비즈니스 전망-다원성을 통합으로 연결하기

PART.2

럭셔리 비즈니스 브랜드 런칭

Chapter.1

글로벌 럭셔리 비즈니스 브랜드의 프로젝트 런칭 과정

IVSSV CLEMENT
XII PONT MAX OPVS

PART.1

융합 트렌드 사회에서 럭셔리 브랜드의 방향성, 진정성, 가치 소비와의 소통

Chapter.1

퀀텀 시프트 시대,
럭셔리의 가치와 비전

1. 럭셔리 브랜드 비즈니스의 급성장, '퀀텀 시프드'

1) 현재 라이프 스타일의 변화와 전환

인간의 라이프 스타일은 환경과 공간에 의해 큰 영향을 받는다. 팬데믹 이후 나, 우리를 중심으로 세상과 소통하고 교류하는 방식에 큰 변화가 생겼다. 이러한 변화는 팬데믹을 전후로 확연히 달라져서 '비포 팬데믹, 애프터 팬데믹(Before Pandemic, After Pandemic)'이라는 표현이 전혀 어색하지 않은 삶이 되었다. 즉, 개인의 라이프 스타일에 대지진 같은 큰 간극이 발생하게 되었다. 사고와 가치관, 살아가고 관계를 맺는 세부적인 방식, 사람과의 교류 등을 포괄한 것이라 할 수 있다. 이러한 대이변으로 인해 심리적인 면과 외형적 생활양식이 판이하게 다른 삶의 형태가 되었다. 팬데믹이 발생하기 전에도 인간의 다원성과 테크놀로지의 발전상이 우리의 생활에 밀접하게 도래했음을 언론을 통하거나 변화하는 소통 방식으로 직간접적으로 인지하고 있었다. 이러한 것에 더하여 생활양식과 도구로 테크놀로지가 우리의 삶에 녹아들어 광범위하게 확산되고 팬데믹 위기를 촉매로 삼아 급진전 된 대면관계의 단절 영향이 크다고 할 수 있다. 하루가 다르게 발전하고 제안되고 있는 테크놀로지를 사용한 간접적인 교류와 접촉은 무한대로 확장되고 있다. 이러한 접촉이 지극히 활성화되고 있는 것에 반하여 개개인 내면적 정체성과 자아 존중에서 생겨나는 행복감에 대해서는 상대적으로 소홀해지는 경향을 보인다. 기술과 내면의 케어가 서로 보조를 맞추어 정비례하여 발전하는 것이 아니라 반비례하고 있는 게 현실이다. 라이프스타일의 급격한 기술적 대변환으로 인해 개인 정체성의 기반은 지극히 고립되고 불안해지는 상태이다.

이처럼 팬데믹이 야기한 급격한 현실적 단절은 개인과 사회를 망라한 여러 가지 잠재적인 불안 요소를 야기하게 되었다. 개인의 정체성 기반에 대한 불안은 현실의 자아 대면 소통 감소로 인한 불편함, 각 세대 간의 거리감의 확장 및 그 간극의 확대, 부의 편중과 편차의 확대, 그리고 현실과 사이버 공간에서의 자기 불일치에 의해 연유한 것들이 많다고 할 수 있다. 일상의 모습과 메타월드, IT 커뮤니케이션에서의 다른 정체성은 그 소통 방식 나름의 또 다른 페르소나의 표현이라고 할 수 있다.

물론 MZ세대에게는 온라인 매체가 현실에서 벗어난 또 다른 쾌감과 만족감을 선사하기도 한다. 그러나 과시적인 거짓 표상과 플렉스의 나열로 인해서 오는 괴리감으로 인해 여러 가지 욕구의 피로감을 호소하는 현상도 나타나고 있다. 이 모든 것은 현실과 온라인 세상 사이의 간극에서 오는 괴리감으로부터 연유하고 있다.

"인간은 천 개의 페르소나를 가지고 있고
상황에 맞추어 쓴다."
- 칼 구스타프 융 박사 -

현대에 있어서 개인의 자아, 에고는 복합적인 다양성의 형태로 표출되고 있다. 사회의 산업화를 통해 더 다양한 멀티페르소나의 형태로 나타나고 있으며, 디지털 노마디즘의 세계에서 개인의 정체성은 페르소나의 한 측면처럼 다면화되어 복합적으로 나타나고 있다. 그리고 현실과 가상의 세계에서 복합적이고 중첩적인 페르소나의 표현과 사용을 통해 그 간극을 유연하게 넘나들고 있는 실정이다.

이러한 라이프 스타일의 변화에 세대의 차이 없이 모든 사회 구성원들은 빠르게 순응하고자 노력 중이다. 특히 5G의 도입으로 이러한 테크놀로지를 통한 물리적인 외부환경의 스마트화를 통해 모든 일상이 데이터화 되고, 초격차의 개인화 서비스로 진행되고 있다.

이런 상황에 모든 기업들은 유연하고 즉각적으로 대처하고자 상품 개선을 위해 노력하고, 새로운 커뮤니케이션 방식으로 마케팅, 광고를 하고 있다. 차원이 다른 커뮤니케이션 속도에 대한 적응은 모두에게 새로운 기회의 공간으로 이행을 가능하게 하고 있다는 점에서는 순기능이라고 할 수 있을 것이다.

그러나 동시에 디지털 디바이드와 환경이 정보의 격차를 발생시켜 세대 간의 갈등이 야기되는 이슈도 동시에 존재한다.

2) 팬데믹 이후 럭셔리 비즈니스의 대응과 카테고리 확장

팬데믹 기간에 온라인을 중심으로 활성화된 경제활동은 팬데믹 종료 후 소비 형태 다변화로 수치적으로도 나타나고 있다. 오프라인 행사의 확대와 대면 활동의 증가로 인하여 산업 전반에 팬데믹 기간 중 억눌린 심리를 보상하려는 보복 소비와, 이에 따라 두각을 나타내는 업종들이 나타나고 있다. 전체 사회 트렌드의 동향에 관한 분석은 전반적인 트렌드의 변화 요인과 전망에 대해 분석하고 제시하는 좋은 자료들이 있기에, 이러한 부분을 참조하여 이 책에서는 럭셔리 비즈니스에 중점을 두고자 한다.

특징적으로 두각을 나타내는 산업의 양상 중 럭셔리 비즈니스는 팬데믹 이후에 더욱 급성장을 나타내고 있다. 이러한 급성장의 배경에는 테크놀로지의 변환으로 팬데믹 전부터 5G 환경에 대비한 럭셔리 비즈니스 기업들의 혜안이 있었다.

5G 환경이 의미하는 바는 인공지능, 증강현실, 5G 연결성, 사

물인터넷, 스마트 스피커, 웨어러블 디바이스, 블록체인 같은 신기술을 의미한다. 이러한 신기술을 비즈니스에 적용하려는 인프라 구축을 병행해 코로나 기간에도 성장이 가능했으며, 비대면 환경에 발 빠르게 대처할 수 있었다.

제5의 패러다임이 도래하는 시대에 맞추어 소비자와의 실시간 상호작용, 의미 있는 소비자 참여와 관련하여 놀라운 새로운 수준으로의 도약이 가능한 환경이 마련되었다. 이처럼 사회 전반 트렌드에 선행해 마련된 기술적 인프라를 활용하여 기존의 한계와 이미 현실화되어 있는 한계를 넘어서는 새로운 방법 및 계획을 수립할 수 있었다. 그리고 이러한 현실 보완적인 업그레이드 액티비티는 아직도 현재진행형이다.

그리고 코로나로 인하여 억눌린 소비 욕구를 과시적으로 플렉스하려는 보복 소비로 인해 명품에 대한 수요가 크게 늘었다. 이러한 양상은 모바일 빅데이터 플랫폼 아이지에이 웍스의 자사 솔루션 모바일 인덱스의 앱 사용자 수 변동 자료로 확인할 수 있다. 코로나 이후 소비의 양극화 현상이 심화되고 있고, 가성비 중심의 소비 현상이 두드러지고 있지만, 오히려 소비과시적인 욕구로 인해 럭셔리 브랜드에 대한 관심과 스몰 플렉스 럭셔리를 추구하는 Z세대의 소비성향과 맞물려 럭셔리 비즈니스는 더욱 성장을 거듭하고 있다.

이러한 럭셔리 비즈니스에 관한 소비 경향은 자신의 지위와 위신을 좀 더 높여 보이기 위한 심리적 충족을 위한 행위라 할 수 있다. 즉 가격이 높은 럭셔리 브랜드 상품에 대해서는 접근도가 떨어지지만, 가격이 낮은 상품을 소유함으로써 본인의 심리적 만족과 타인에게 자랑하려는 플렉스(Flex)를 통하여 하이 럭셔리 라이프를 경험했다는 가심비적인 만족감을 가지게 된다.

사회 전반의 변화하는 소비 심리 상태와 흐름의 적극적인 분석을 통해서 럭셔리 브랜드들은 아이템 카테고리를 확장하여 소비층을 늘리려는 시도와 함께 충성도 높은 소비자에 대한 개인적인 맞춤 서비스를 강화하여 관리와 함께 광고와 마케팅에 대처하고 있다.

한편 '퀀텀(Quantum)'이란 단어의 의미는 물리학에서 양자역학의 핵심 용어 중 하나로, 미시적인 세계에서 물리현상을 설명하는 데 필요한 개념이다. 물은 단 1℃만 부족해도 99℃에서는 끓지 않고 있다가, 불과 1℃의 에너지만 더 확보하면 액체의 분자구조를 뛰쳐나간다. 마찬가지로 원자에 에너지를 가하면 핵 주위를 돌던 전자는 낮은 궤도에서 높은 궤도로 점프를 하게 된다. 비슷한 유추 관계로, 식량의 산술급수적 변화와 인구의 기하급수적 변화라는 고전 경제학의 구도를 산업혁명이라는 기술적 반등을 통해 단번에 깨뜨려 버린 것처럼, 최근 또다시 사회적 대변혁을 통해 넥스트 뉴 노멀 시대가 도래하고 있고, 새로운 특징들의 기준이 나타나고 있다. 이러한 극도의 혼란 속에서 급격한 변화를 맞이한 시대적 위기 속에서, 새로운 기회를 모색하는 행위가 적극적으로 이루어지고 있다. 이러한 시대 흐름에 올라타는 유동적 사회변화 배경을 인지하고, 급변하는 라이프 스타일에 대해 적극적으로 대처하는 태도, 이를테면, '퀀텀 시프트'가 럭셔리 비즈니스에도 필수적인 개념이 되고 있다. 특히 필자는 '퀀텀 시프트'를 고전적 경영학의 개념적 한계를 넘어서 새로운 다양한 분야와의 융합을 통해 시장을 개척하고 가치를 창출하고자 하는 적극적이고 전방위적인 노력으로 정의하고자 한다. 급변하는 시대의 흐름을 능동적으로 예측하여 도약의 시점으로 분석하고, 비즈니스 모델을 완전히 새로운 차원으로 끌어올리는 행위이다.

앞으로의 마켓 트렌드는 타 영역 간의 이종결합을 통하여 극적인 신기술과의 상호작용 지점이 새로운 지평을 이루며 폭발적인 상승으로의 연결이 모색되리라 예상한다. 여기서 의미하는 타 영역은 행동경제학, 심리학, 사회학, 인류학, 감각과학(시각, 청각, 미각, 촉각 등)과 예술을 포괄하는 환경 모두를 아우른다.

5G 환경의 패러다임에 인공지능, 증강현실, 5G 연결성, 사물인터넷, 스마트 스피커, 웨어러블 디바이스, 블록체인 같은 신기술에 대한 적극적인 수용과 강화된 기준이 브랜드의 특성과 같이 맞물려 상호작용을 극대화할 수 있다. 이러한 기술력은 콘텐츠를 손쉽게 확장시키고 메시지를 소비자에게 구체적으로 전달시키는 데 기여한다. 또한 소비자와 럭셔리 브랜드 간 커뮤니케이션의 격차를 좁히므로 상호작용의 화학적 반응을 유도해 로열

충성 고객층의 확보에 용이하다고 할 수 있다. 럭셔리 브랜딩의 가치와 경험을 소비자에게 다양한 경로와 방식을 통해 적극적이고 공감각적으로 전달할 수 있다. 소비자의 라이프 사이클에 5G 기술의 연결성을 활용하여 가상현실, 증강현실, 보이스 커머스 등의 신기술을 활용하여 브랜드 메시지와 철학을 경험적 라이프 스타일로 전달하려는 노력이 활발하다.

그리고 블록체인 기술을 활용해 공급사슬의 한 부분에서 다른 부분으로 전이될 때마다 진품 확인이 가능하게 하고 있다. 이것은 제품의 제조 시점부터 구매자에게 전달되는 것까지 추적 가능하게 하여 제품의 진품 확인 여부를 브랜드의 차별화 요소로 구현하는 것이며, 럭셔리 비즈니스에서 중요한 요소이다. 오리지널리티를 보완하고 인증하는 가치사슬을 블록체인 기술로 입증이 가능해졌다. 제품에 홀로그램을 부착해 정품 입증하고 블록체인과 디지털 아이디로 가치사슬을 연결하여 기술 출처와 기원, 원산지 프로비넌스(provenance)를 유도한다. 모조품이 시장에 유통되는 것을 막을 수 있는 기술력이며, 진짜와 가짜를 구별할 수 있는 중요한 근거가 되기에 소비자에게 브랜드 가치의 효율성과 신뢰를 가져 올 수 있다.

아울러 1인 미디어의 가능성 확대에 따라 세상의 변화에 대해 능동적이고 적극적인 시각으로 삶의 주체인 나를 중심으로 세상을 다시 재해석해 바라보는 시각이 더욱 중요해지고 있다. 쏟아지는 정보의 양은 엄청나고, 그 정보 자체에 대한 사실 여부에 대한 검증과 판단은 모두 개인의 판단에 맞추어지는 것이 현재의 모습이다. 이러한 세태에 대응하여 개인이 더욱 분별력을 갖추어야 하는 시대이다. 새롭게 부상하는 신기술은 무엇인지, 새롭거나 현존하는 분야에서 더욱 발전 가능성이 있고 세부적인 디테일을 요구하는 부분이 무엇인지에 대해 주의를 기울이는 것은 지극히 당연한 태도라고 할 수 있다. 스스로 이러한 태도에 대해서 주의와 환기를 하여 거시적인 안목과 세부적인 트렌드를 리뷰하는 융합적인 라이프 스타일에 대한 분석적 안목이 요구되고 있다.

이러한 시대의 대변환이 일어날 때가 자각이 있는 자와 그렇지 못한 개인으로 구분되어 상승과 도태가 구분되는 순간이라고 할 수 있다. 사회 구조적인 부분과 산업 양식, 라이프 스타일 등의 총체적인 변환이 이루어지고 있다. 세대들의 갈등 양상도 격해지고 있는 실정이다.

단순히 세대라고 가름하여 분리하기에는 각 개인의 주의와 환기가 무엇보다 중요해지는 시점이다. 이러한 시대의 큰 변화가 이루어지고 있는 시점이기에 순차적으로, 계단을 밟아나가는 성장이 아닌, 차원이 다른 공간적 변혁으로의 급성장을 이룰 수 있는 기회의 시기가 도래하고 있기에 그 스테이지를 '퀀텀 시프트'라고 개인적으로 명명하게 되었다.

럭셔리 비즈니스 브랜드에서의 퀀텀 시프트를 통한 전략은 예술과 기술, 과학의 힘과 모든 역량을 융합하여 소비자의 머리와 가슴에 그 브랜드를 각인하는 관계를 형성하는 것을 의미한다고 할 수 있다. 또한 제품의 단편적인 퍼즐 조각 같은 제안이 아닌, 개별 브랜드가 지향하는 철학적인 가치에 대해서 다른 장르와의 융합 및 조화를 통해 문화 전반에 걸쳐 어울리는 것과 소비자의 마음속에 호감을 불러일으키고, 오직 그 브랜드만이 선사할 수 있는 경험을 제공하는 데에 있다고 할 수 있다. 또한 진정성 있는 가치의 추구를 통해 상호 커뮤니케이션과 피드백을 중요시하는 시점이 되었다. 소비자와 더욱 친화력 있는 관계를 형성하여 호감을 불러일으키고, 메시지를 설득, 전파하여 만족과 전환을 통해 브랜드에 대한 친화적인 파트너십을 구축하는 데 있다.

2. 럭셔리 비즈니스의 가치와 전략

럭셔리 비즈니스의 가치

1) 럭셔리의 의미

럭셔리의 의미에 대해 사전적으로 정의해 보자면 '호화스럽고 사치스러운 것을 지칭하는 총체'라고 할 수 있다. 특히 아름답고 고가의 것들이 제공하는 편안함, 즐겁고 비싸지만 일상적인 용품의 정도를 벗어난 것에 의해 제공되는 환경을 의미한다. 예를 들어, 명품 브랜드, 고급 자동차, 호텔이 제공하는 서비스와 공간 등이 일반적인 럭셔리의 대표적인 예시이다.

럭셔리의 가치와 비전에 관해서는 개인의 취향과 사고, 경험에 따라 다르게 인식하고 규정할 수 있다. 대부분 유명 럭셔리 브랜드의 이름을 언급하면서 럭셔리에 대한 정의를 시작할 수 있을 것이다. 현대에 이러한 브랜드들은 대부분 유럽을 베이스로 한 명품 브랜드들이다. 유럽에 근거지를 둔 명품 브랜드들은 시간의 깊이를 지닌 역사와 전통을 가지고 있다. 즉, 럭셔리 브랜드라는 것은 그 브랜드 고유의 역사와 기원, 철학을 가지고 있어야 하는 것이다. 이러한 역사와 가치관을 실제 명품 제품과 연계하여 체험 방식의 구현을 통해 소비자에게 전달하는 것이다.

즉, 럭셔리는 히스토리적인 전통에 실현하고 싶은 이상과 시대가치를 부가한 로망이라고 할 수 있다. 로망, 이상향적인 세계관을 제시하는 것이다.

2) 럭셔리(LUXURY)의 배경, 역사

럭셔리는 유럽 귀족과 왕실의 생활용품을 아름답게 치장하는 것과 사치품에서 시작하였다. 이러한 맥락은 럭셔리 브랜드 전반에 바탕이 되는 히스토리와 문화라고 할 수 있다. 왕실과 귀족의 필요에 따른 신분의 격차와 차별성의 표현을 위해 그들의 특별함을 만족시키기 위한 공예 기술이 발달하게 되었다. 이러한 제품은 소규모 공방에서 공예품을 만드는 장인정신에 입각한 문화를 형성했다. 그리고 오더 메이드 시스템의 희소성과 특별함으로 명망을 쌓아 왔다.

특별한 테크닉을 필요로 하는 수공예 노동 형태의 결과이기에 고가의 개념이 탑재되는 것과 시간이 소요되는 것은 기본이라고 할 수 있다. 또한 왕실과 귀족들의 라이프 스타일과 문화

예술을 반영한 것이라 할 수 있다. 현대에 유명한 럭셔리 메종(MAISON), 명품 브랜드들이 여행 러기지(LUGGAGE)를 기본으로 가져가는 것은 귀족들의 이러한 문화를 반영하는 표상들이다. 이러한 전통과 역사를 강조하기 위해 전시회와 메이킹 시연 등을 통해 럭셔리 명품이라는 가치를 전달하고자 하는 다양한 노력을 하고 있다. 이같이 문화와 예술을 향유하는 방식은 현대에 메세나(MECENAT)라는 이름으로 명명되어 전승되고 있다.

'메세나'라는 명칭은 로마 시대의 시성 웰기리우스를 지원해 준 '가이우스 슬리니우스 마에케나스'라는 실존 인물의 이름에서 유래되었다. 메세나는 단순한 예술에 대한 지원뿐만 아니라 문화와 과학을 포괄하는 융합적인 보호와 후원을 의미한다. 역사적 관점에서 보면 중세 르네상스부터 기원을 지니고 있는 방법이다.

메세나를 통해 르네상스를 일으킨 대표적인 사례는 15세기 무렵 이탈리아 피렌체의 메디치 가문과 밀라노의 스포르차 가문이다. 그 당시 메디치는 이탈리아의 정치가이자 피렌체 공화국의 통치자였으며, 피렌체를 기반으로 르네상스를 빛냈던 예술계의 강력한 후원자였다. 메디치 가문과 스포르차 가문은 르네상스를 이끈 양대 축이라 할 수 있으며, 현대의 콜라보레이션 방식 또한 여기에서 비롯되었다.

이들은 권력과 자금력을 바탕으로 밀라노와 피렌체를 중심으로 하여 예술, 시인, 화가, 외교, 학자 등을 막대하게 후원하여 문화예술의 꽃을 피웠다. 이러한 후원의 작업이 결론적으로 예술과 공예에 대한 연구와 테크닉을 더욱 활성화시켜 유럽 베이스의 럭셔리 제품을 풍부하게 만드는 자양분이 되었다. 그래서 지금도 이탈리아산 제품이 대표적 명품으로 인정받는 기원이 되었다.

그리고 직업의 경계 없이 작업을 진행한 주체들은 아디스트이며 동시에 과학자, 건축가, 의사이기도 했었고, 다른 분야의 직업을 가진 당대 사람들의 자연스러운 그룹 모임의 장이 형성되었다. 여기에 메디치와 스포르차 가문의 풍부한 자금력과 보조, 후원의 결과로 과학과 예술의 자연스러운 교차점이 되어 다양한 분야의 협업을 도모하게 되는 결과를 이끌어 콜라보레이션의 개념이 탄생하게 되었다.

이것은 이종 간의 결합과 융합의 자연스러운 형태로 발전되었으며, 현대에도 강력하게 진행되고 있는 현재형 럭셔리 브랜드의 전략이다. 이러한 전략 방법은 럭셔리 브랜드를 포함하여 더욱 광범위하게 브랜딩을 강화하기 위해 활발하게 진행하고 있다.

3) 럭셔리의 가치

럭셔리의 가치와 비전 전략의 기본 바탕은 고가(high price range)의 사치품, 희소성, 차별화된 개인화, 계급주의-플렉스에 두고 있다. 왕실과 귀족문화의 기반으로 비스포크(Bespoke)라고 표현하는 개인 맞춤 서비스, 스페셜 오더(Special Order), 리미티드 에디션(Limited Edition)을 기본 가치로 하고 있다. '유 아 스페셜(You are special)', '온리 원(Only one)'이라는 기본 개념을 항상 탑재하고 있다고 할 수 있다.

현대의 럭셔리 비즈니스 브랜드에서는 이러한 희소성과 고가의 개념이 광범위하게 포괄해서 브랜딩의 범위 안에서 제안, 진행되고 있다. 럭셔리 비즈니스 안에서도 차별되는 프라이스 존이 존재하고 있다. 이것은 브랜드로 분류되기도 하고, 한 브랜드 안에서도 분류되어 존재한다. 즉, 매스티지(Mastige)로 판매하는(대량으로 판매하는) 제품들이 럭셔리 비즈니스 브랜드에서 존재하고, 동시에 희소성 있는 리미티드 제품군을 함께 카테고리화 해 제안하고 있다. 이러한 상품의 구성이 브랜드 안에서 특별한 럭셔리의 가치 구현과 그 브랜드의 명분을 만들어 주는 중추적 역할을 하고 있다. 이처럼 현재 명품 브랜드들은 대부분 유럽 베이스로 명맥을 유지하고 있으며, 고전적인 메종 방식이 아닌 대기업의 글로벌 비즈니스를 추구하고 있다.

4) 럭셔리 비즈니스의 전략

럭셔리의 미래적인 전략은 점점 더 초개인화 맞춤 서비스로 다양하게 제안될 것이다. 현대의 디지털 트랜스폼 방향에 맞추어 빅데이터와 개인의 취향과 성향을 반영한 맞춤형 럭셔리가 강화될 것이다. 이것은 비스포크 개념이 과학기술과 연동되어 개인 소비자에 맞춘 옷과 스타일 신발 사이즈, 향기, 코스메틱, 맞춤 여행 등으로 제안될 수 있다. 나만의 명품 물건이 갖추어 제안될 수 있는 서비스의 형태이다. 데이터 분석과 라이프 스타일 분석을 통한 반영이라고 할 수 있다.

이러한 개인화 된 럭셔리 비즈니스는 개인에게 부가된 스페셜한 만족감을 선사할 수 있다. 럭셔리 비즈니스는 패션에서 시작하여 대부분 라이프 스타일 브랜드로의 전환을 전략 방안으로 진행하고 있다. 즉, 브랜드의 코어 비즈니스 디테일 카테고리 아이템에서 라이프 스타일 전반으로 아이템을 확장하고 있다. 예를 들면, 예전에는 패션 소품과 의류 아이템에 집중하던 럭셔리 명품 비즈니스 브랜드들이 호텔, 식음료 카페, 레스토랑 등 체험 공간 개념으로 진화하고 있다. 이러한 활동은 브랜드의 철학을 차별화된 공간 경험으로 제안하고자 하는 전략 중 하나이다. 브랜드의 정신을 큐레이션하여 공감각적으로 차별화한 테이스트로 강력하게 제안하는 경험을 선사하는 것이다.

럭셔리는 지속가능하고 친환경적인 방향으로 발전하고 있다. 이것은 소비자의 요구사항이기도 하고, 시대 정신과 가치의 요구이기도 하다. 기존의 제품과 서비스에 만족하지 않고 물질적인 풍요만을 추구하는 가치관에는 이미 팬데믹 이후 진력이 나 있는 상태이다. 기후변화로 인한 피해가 본격적으로 체감되고 있는 상황에서 환경과 사회에 대한 책임감과 공감 능력을 갖춘 섬세하고 배려심 있는 서비스가 요구되고 있다. 친환경 인증, 공정거래 실천, 자원 재생, 로컬적인 기원에 관한 관심 등에 기반한 지속 가능한 럭셔리는 고객에게 진정성 있는 가치를 전달할 수 있다. 그리고 소비자 또한 럭셔리를 향유하고 소비하면서 공동의 가치에 공감하는 행보를 하고 있다는 만족감을 느낄 수 있다.

럭셔리 비즈니스가 소수를 포함한 대중을 포괄하는 글로벌 비즈니스의 형태를 취하면서 이러한 경향은 굉장히 중요한 포인트라고 할 수 있다. 소비의 주요 주체인 MZ세대는 이러한 이슈에 민감한 반응을 하며 SNS를 통한 공유도 활발하다. 이는 럭셔리에 대한 정의가 그만큼 광범해지고 있다는 징후이며, 라이프스타일과 밀접하게 연동되고 있다는 반증이라고 할 수 있다.

럭셔리는 디지털 트랜스포메이션(Digital Transformation)을 통해 더욱 혁신적인 기술과 결합되고 있다. 디지털 트랜스포메이션은 상품, 서비스 프로세스, 운영 방식을 근본적으로 바꾸어 새로운 생태계를 구축하고 있다.

디지털 기술을 활용한 다양한 인터페이스의 활용으로 럭셔리 비즈니스 브랜드의 개별화된 고유의 철학을 새로운 테크놀로지를 활용한 방식의 새로운 차원의 경험으로 소비자에게 제공할 수 있다. 또 증강현실과 메타버스로 브랜드 경험의 가치를 공감각적으로 선점하여 제공할 수도 있다. 가상의 세계와 현실을 믹스하여 다양한 경험과 재미를 선사하는 것이다. 디지털화된 럭셔리는 창의적이고 독창적인 즐거움을 느끼게 한다. 이러한 시도는 소비 플랫폼 측면에서 다른 옵션의 확장으로도 연결이 가능하다. 커뮤니케이션을 통한 브랜드의 철학과 메시지를 그룹 문화적인 방식과 문화적 트렌드의 방식으로 어떻게 소비자에게 구체적으로, 취향을 반영하여 전달하느냐가 브랜드 경험을 전파하는 방법이라고 할 수 있다. 그러한 마니아 그룹 문화 전반의 파급력을 극대화하기 위하여 현대의 발전된 테크놀로지 기술과 아트를 비롯한 다양한 타 영역과의 협업을 통한 융합이 필요하다.

이러한 대응을 세부적으로 둘러보면 협업, 콜라보레이션을 통한 발전을 도모하는 것이 일반적이다. 콜라보레이션의 방식은 다각화, 다양화되고 있다. 아예 관련이 없는 분야 간의 이종 브랜드 결합을 통한 콜라보레이션이 주류를 이루고 있다.

럭셔리 비즈니스에서도 아날로그를 중요시하는 공예적인 장인정신, 크래프트 문화의 중요성이 증대하고 있다. 다시 본질로 돌아가면, 결국은 특별한 소수를 위한 맞춤 서비스인 것이다. 디지털 세계가 강화될수록 실체에 대한 회귀의 욕구는 강화된다. 실체적인 구현이 가상 서비스로 끝나는 것이 아닌, 가상의 옵션을 다양한 제시를 통해 만족하고, 그중 최선의 것을 실제로 소유, 착용하여 과시하는 욕망을 실현하고자 할 것이다. 이러한 욕구의 반작용 또는 리밸런스 측면에서 전통과 실체 구현의 테크닉에 대한 요구와 소유는 디지털 트윈과 현실의 세상에서 병존할 것이라 전망할 수 있다. 진본과 실체가 있는 것에 대한 가치가 더욱 부가되어 평가를 받는 시대가 될 것이다.

5) 라이프 스타일에서의 럭셔리

럭셔리는 사람들의 요구와 가치, 시대정신을 반영하는 로망과 비전을 충족시키기 위해 더욱 다양한 방식으로 계속해서 변화하고 발전할 것이다.

명품 소비에 대해 한국인의 소비와 관심은 세계 1위로 등극했다. 럭셔리에 대해서 갈망이 섞인 욕구가 이미 포화 상태를 넘어섰다고 볼 수 있다. 이러한 배경으로 럭셔리를 소비하는 주체가 어떠한 가치관과 라이프 스타일 전반에 대한 테이스트를 가지고 럭셔리 브랜드와 상품을 소비하고자 하는지가 중요한 시점이 되었다. 일차적이고 실물적인 소비를 넘어 럭셔리에 대한 의미와 정의, 철학, 가치관을 생각해 봐야 하는 시점이 도래하였다.

브랜드는 소비자에게 지속적으로, 다양한 접근법으로 반복하여 커뮤니케이션 하는 작업이다.

럭셔리는 높은 가격의 제품을 의미하는가? 고가의 것들은 럭셔리라고 할 수 있는가? 리미티드 아이템, 넘버링 된 특별함, 소량 생산이 럭셔리의 본질인 것인가? 이러한 질문을 가지고 럭셔리를 향유하려는 태도로 접근해야 하는 타이밍이라 볼 수 있다. 또한 라이프 스타일 자체가 럭셔리한 삶이 되기 위하여 노력해야 할 것이다. 즉, 소비자가 주체가 되어 럭셔리 브랜드 비즈니스를 '셀프 큐레이션'하는, 자신이 주체가 되어 삶을 풍요롭고 행복하게 만드는 작업을 지속해야 할 것이다.

3. 럭셔리 비즈니스의 가치축의 이동

1) 럭셔리 비즈니스의 현재 중심

럭셔리 비즈니스는 팬데믹의 영향을 받지 않고 지속적이며 폭발적인 성장세를 가지고 있다. 고정되고 열성적인 로열 코어 중심 소비자층이 코로나를 기점으로 소비자층의 확산을 이루고 있다. 이것은 소비자층의 영향력 확대를 이루고 새로운 소비자층을 유입하는 럭셔리 비즈니스 브랜드의 적극적인 노력과 이에 호응하는 소비자층의 자발적인 교감이 서로 상호조화를 이룬 결과이다. 스몰 럭셔리는 럭셔리의 플렉스와 경험을 통해서 진입 장벽이 낮은 명품의 소비를 시도해 보는 행동을 의미한다. 이것은 소비자가 럭셔리의 상징인 명품을 소비하며 계층의 상승을 이룬 듯한 부를 과시하며 간접 만족을 느끼는 행위이다. 작은 명품 소비 경험을 통해서 일종의 지위 상징물의 매개체로서 기능을 하고 느끼는 감정적인 소비의 일체를 의미한다. 이러한 행동을 '파노플리 효과(Panoplie Effect)'라고 하며 '장난감 놀이 세트'라는 의미이다.

소비의 강력한 동기와 욕구는 실물에 대한 직접적인 소비와 향유에 대해 만족을 느끼는 것도 있지만, 럭셔리와 명품 브랜드에 대한 상징과 기호를 표현하고 향유하며 즐기는 것이라 할 수 있다. 이와 같은 심리적인 상태의 연결성이라는 맥락으로 럭셔리 브랜드에 대한 가치와 경험 소비를 확산하는 효과가 생긴다. 이러한 스몰 럭셔리 소비의 접근이라는 차원에서 카테고리의 확장이 이루어지고 있다. 일례로 명품 브랜드에서 화장품, 코스메틱이 계속 성장하고 있다. 수천만 원의 가방을 선보이고 있는 에르메스도 2020년 3월 에르메스 콜렉션 립스틱을 선보였다. 그리고 최근 2023년 프라다가 코스메틱 라인을 런칭했다. 뷰티와 펫 아이템 등 라이프 스타일 카테고리의 전환도 같은 맥락으로 볼 수 있다.

디지털 트랜스포메이션의 이행으로 MZ세대의 즐기는 방식이 럭셔리와 밀접한 관계를 가지며 성장하고 있다. 새로운 경험을 메타버스를 통해 가상 세계 속의 브랜드를 체험하는 형식으로 진화하고 있다. 앱의 증강현실을 통해 물건을 체험하는 방식을 영위하고 있으며, 소비 자체를 일종의 게임으로 인식하는 새로운 매체에 대한 경험으로 받아들이고 있다. 즉, 색다른 체험을 즐기고 열광하는 문화가 형성되어 있다. 한정판 명품을 가상 세계와 현실 세계와의 교차와 매치를 통해 즐기는 행위가 일반화되고 있다. 브랜드의 철학을 메타버스 안에서 간접적으로 체험하고 즐기는 행위 일체를 의미한다.

K-엔터테인먼트(K-Entertainments)와 K-콘텐츠(K-Contents)의 확산으로 럭셔리 비즈니스는 더욱 널리 퍼지고 있는 추세이다. K-POP 스타들이 럭셔리 브랜드의 철학을 대표하는 얼굴이 되어 활동하고 있는 럭셔리 브랜드의 앰버서더로 활동하고, 패션쇼의 프런트 로(Front row)에서 럭셔리 브랜드를 홍보하는 일은 이제 당연한 일상이 되었다. 그만큼 아시아, 특히 한국 마켓이 럭셔리 비즈니스에서 중요한 곳이 되었다는 의미이다.

한국의 럭셔리 시장은 2022년 이미 1분기에만 2조 원을 돌파하는 추세였고, 전년 동기 대비 34% 증가했다. 한국의 럭셔리 시장은 MZ세대가 주축이 되어 개성과 자기표현의 수단으로 활용되고 소비되고 있다. 브랜드의 철학과 가치, 체험과 연계된 다양한 접근이 제안되고 있다.

백화점들은 럭셔리 브랜드와 럭셔리 워치, 파인 쥬얼리를 도입해 선보이는 데 노력을 기울이고 있다. 이러한 브랜드가 입점을 하는 것이 위상과 격을 나타내는 척도라 여기는 트렌드 때문이다. 럭셔리 중에서도 그 비즈니스를 세분화하여 상위 브랜드에 포커싱하고, 다양하고 새로운 경험 가치를 제공하는 공간으로의 제안을 하는 추세이다.

이러한 흐름은 가격보다 존중받는 경험과 가치를 우선하는 소비자의 경향과도 궤를 같이하는 것이다. 상품의 소유와 함께 럭셔리에 대한 가치와 브랜드만의 세부적인 경험을 같이 공유하는 것을 의미한다. 이러한 여정의 제안을 위해 라이프 스타일 공간으로의 확장과 다양한 카테고리와의 큐레이션을 통해 럭셔리 브랜드만의 정체성을 전달하려 노력하는 추세이다.

2) 럭셔리 비즈니스의 미래 중심축의 이동

세계는 큰 전환을 맞이하고 있다. 이것은 과거의 사회환경과 과학에 근거한 데이터의 축적을 통해 이미 예견되고 전망된 것들이다. 디지털 트랜스포메이션을 통한 기술의 발달과 환경 파괴를 통한 기후변화로 인한 재해의 확산 등은 현대 대부분의 인류가 인지하고 있는 사실이다. 단지 코로나로 인한 메가톤급의 재해는 예상하지 못했던 것으로, 팬데믹이 이러한 변화를 더욱 가속화시킨 것은 부인할 수 없는 사실이다. 그래서 코로나 전과 후를 기점으로 하여 우리를 둘러싼 환경이 급속도로 변화된 것은 모두가 체감하고 있다.

팬데믹으로 인해서 개인은 고립되었으며, 비대면을 통한 커뮤니케이션으로의 상황이 지속되어 이에 따른 산업군이 새롭게 재편되고 생성되었다. 큰 사회적인 변혁을 거치면서 실제의 라이프 스타일도 바뀌었고, 이에 따라 인간의 본질과 가치관에 대해 탐구할 수 있는 개별적인 시간도 생기게 되었다.

눈부시게 발전하는 과학을 중심으로 하는 서양의 물질주의 중심의 정신 가치와 기술에 관하여 회의적인 시각과 견해가 발생하게 되었다. 그리고 한류를 중심으로 하는 K-엔터테인먼트(K-Entertainment)와 K-팝(K-Pop)이 글로벌한 코어 문화 현상으로 자리 잡게 되면서 사고의 중심축이 동양으로 자연스럽게 확산되는 추세이다. 현대에 문화예술, 엔터테인먼트에 대한 수요와 욕구는 기하급수적으로 급증하고 있다. 이처럼 사회적으로 글로벌한 트렌드를 배경으로 소비자의 소비 행태에 맞추어 럭셔리 비즈니스는 소비자를 매혹시킬 수 있는 다양한 방법을 진행하고 있다.

정신의 건강과 신체의 밸런스, 인간 본연 가치에의 추구, 사람 간의 상호 관계에 대한 인류애적인 접근, 선한 메시지를 기반으로 하는 동양적 가치관 중심으로 문화, 정신적 중심축의 전환이 일어나고 있는 상태이다. 그사이 소외되어 있던 아시아 문화권이 다양성을 기반으로 태동하고 있는 시점이다. 이것은 물질 중심에서 정신 중심으로의 이동이라고 할 수 있다.

이러한 동양적 정신문화에의 탐색은 자아에의 탐구, 개인의 정체성과 본질, 개인 스토리에 대한 관심을 불러일으켰다. 그리고 획일적이고 물질 지향적인 세태에 대한 반작용으로 연대감과 행복감에 대한 추구를 이루는 정신에의 관심과 욕구가 증대되고 있다. 이러한 욕구와 욕망은 신체와 정신의 밸런스에 대한 관심 증대를 가져왔다.

건강에 대한 관심은 지속되고 있는 트렌드이다. 건강을 제대로 관리하려는 노력은 스포츠와 밀접하게 관련되어 라이프 스타일에 반영되고 있다. 이것은 세대를 아우르는 문화이며, 취미 생활, 엔터테인먼트와 함께 생활에 활력을 주는 중요한 요소로 자리 잡고 있다.

Z세대는 특히 스포츠에 많은 시간을 할애하고 있으며, 건강관리를 일상에 반영하고 있으며, M세대 역시 크게 다르지 않다. 이러한 트렌드를 반영하여 2022년부터 골프에 대한 관심이 급증했으며 백화점 플로어 구성에 스포츠 중 골프 매장의 구성이 크게 늘었다. 또 23년에는 테니스에 대한 포션(portion)이 늘고 있는 추세이다. 이러한 관심을 반영하여 럭셔리 브랜드와 레저, 라이프 스타일, 특히 스포츠와 연계된 패션 라이프 스타일이 그룹문화로 대두되고 있다.

현대인들은 이원적인 물질 중심주의에 대해 정신적인 공허감과 상대적인 박탈감을 느끼고 있다. 획일화된 서구 산업 중심주의는 보편적인 기본생활의 수준을 높여 놓았지만, 기업의 이윤추구와 풍요에 비례하여 현대인들은 상대적인 불균형적 욕구불만에 빠져 있다. 이상 기후와 자원의 고갈은 이미 사회적인 이슈가 된 지 오래다. 이러한 부분을 보완하기 위하여 보다 보완적인 대응책을 찾게 되었다. 효과적이고 융통성 있는 대안으로 동양의 정신이 미래의 사회적 책임과 함께 디자인 비전에 요구되고 있다.

3) 동양 정신과 미래 사회의 디자인 가치(Eastern spirit & design value of future society)

이러한 신체와 정신의 밸런스 중심을 기조로 하는 문화를 배경으로 동양 철학의 관점에서 디자인 미학을 바라보는 것이 중요해지고 있다. 이것은 상대적인 가치 중심으로 상호 보완적인 커뮤니케이션에 대한 배려와 존중의 개념을 적용하는 것이다. 음양의 개념과 도(道), 공(空), 연대성의 개념에 다가서기 위한 매개체로의 입장, 사회와 자연, 인간이 서로 연계된 공동체적인 자원의 절약과 정신적 가치와의 조화를 중시하는 개념이다. 이는 가치의 환원을 통해 조화를 이루는 것을 최종 목표로 하고 있다. 물활론적(物活論的) 사고, 즉 물질이 가치와 감응, 연동하여 영향을 끼치는 것이라 할 수 있다.

동양 정신은 자연, 정신, 생명, 일체의 만물을 자연의 테두리에 안에서 포용하는 것이 기본 입장이다. 이러한 속성의 실질적인 특징을 살펴보고자 한다. 동양의 건축을 예로 들면, 외면상 유연함, 통합성, 단순성, 수평성, 담백한 솔직성, 자연과의 통일성을 추구한다.

서양의 건축은 시대의 흐름에 따라 양식은 달라짐을 감안하더라도, 보편적으로 동양의 것과는 다른 특징들을 가진다. 외면이 견고하고, 수직적이고, 병렬적이며, 효율적, 산업적인 형태를 띤다. 따라서 이러한 서양의 모던 디자인과 조화, 융합을 추구하는 동양의 정신을 합치하여 발전하는 방안을 모색하여야 한다. 이것이 새로운 미래 시대에 걸맞은 럭셔리 디자인으로의 발전을 가져올 것이다.

특히 아시아 스피릿의 문화 종주국인 한국적 디자인, 조형미의 특성을 분석, 추출하여 한국만의 차별적 요소-소박함과 포용성, 자연친화적 아름다움을 반영하는 럭셔리 헤리티지 디자인-로 승화시켜야 할 것이다. 아울러 한국적 디자인의 가장 특별한 강점은 포용성이라고 할 수 있을 것이다. 자연스러움과 다양성을 포용하며, 새로운 에너지를 생성하여 다른 차원으로 전이시키는 특성을 발휘해 더 발전된 가치 제안적인 럭셔리가 될 것이라 예견한다.

4. 럭셔리 비즈니스의 비전과 방향성

1) 럭셔리 비즈니스의 동향과 성장가능성

《포브스지(Forbes)》가 선정한 2023년 상반기 재계 순위에서 럭셔리 비즈니스를 대표하는 LVMH그룹의 총수인 베르나르 아르노 회장이 1위를 차지했다. 작년에 1위를 차지했던 일론 머스크 회장을 제치고 2,110억 달러의 재산으로 1위에 올랐다. 이것은 디지털 포메이션의 시대에 럭셔리 비즈니스가 첨단 사업을 주도하는 비즈니스를 뛰어넘는 승기를 잡았다는 데 의의가 있다고 할 것이다. 즉, 디지털 첨단 산업이 아닌 공예적인 테크닉과 가치 구현을 통한 실물을 만드는 데 중점을 둔 산업군이 첨단 과학기술과 연관된 기업들과의 경연장에서 당당히 승기를 잡았다는 데 의미가 있다.

여기서 또 한 가지 주목해야 할 점은 럭셔리 비즈니스가 여러 가지 성장 가능성과 다양성을 포괄하는 포텐셜을 가지고 있다는 점이다. 럭셔리 비즈니스는 대전환의 시기에 높은 성장 가능성을 가지고 있다고 전망하고 있다. 글로벌 럭셔리 비즈니스 마켓은 2023년까지 3,300억 달러에 이를 것으로 예상되고 있다. 국내의 럭셔리 시장도 2023년까지 70억 달러에 도달할 것으로 전망되고 있다. (KPMG 2022. 5)

럭셔리 비즈니스 그룹사들은 M&A와 제휴를 통하여 포트폴리오를 다각화하며, 카테고리를 다변화하고 있는 추세이다. 온라인 오프라인의 융합을 강화하고 지속가능성, 사회적 책임을 강조하는 등 혁신적인 전략을 적극적으로 취하고 있다. 럭셔리 그룹사들, 예컨대 LVMH, 리치몬드(RICHMOND), 케링 그룹이 대표적이다.

문화의 에너지 중심축이 아시아로 이동하면서 럭셔리 비즈니스도 K-콘텐츠(K-Contents)와 K-엔터테인먼츠(K-Entetainments)에 관한 관심을 적극적으로 반영하고 있다. 문화의 수용과 트렌드의 반영이라고 할 수 있다. 이러한 포용적 태도는 한류(K-Pop Wave)에 열광하는 새로운 소비층의 진입과 MZ세대에 대한 적극적인 럭셔리 소비와 연동되고 있는 것이다. 온라인 플랫폼의 확산, 리세일과 디지털 럭셔리 비즈니스의 부상 등 다양한 요인에 기인하여 라이프 스타일로 저변을 확산하고 있다.

한국에서 명품의 열기는 불황을 모르는 비즈니스로 나타나고 있는데, 명품에 투자하여 되파는 '리셀'을 보면 이를 알 수 있다. 특히 한국에서 럭셔리 사치품의 의미가 급성장한 경제수준과 함께 타인의 시선을 의식하는 문화와 맞물려 자신의 가치관을 대변하는 측면, 그리고 물질주의에 대한 공허함을 명품으로 보상하려는 심리가 내재되어 나타나는 것이라 할 수 있다. 한국에서 럭셔리 명품이 사회 경제적 지위를 반영하는 표상으로 나타나는 인식이 강하기에 이런 문화가 심화되고 있는 추세이다.

2) 럭셔리 비즈니스의 방향성

진정한 럭셔리 비즈니스를 위해서는 '럭셔리'라는 명칭에 걸맞은 실물이 같이 동반되어야 한다. 디지털 환경을 활용한 실물 같은 그래픽 기술은 증가하고 있지만, 이러한 기술을 활용한 것은 다양한 사전 커뮤니케이션을 위한 방편으로 활용될 수 있다. 즉 사전 예측 시뮬레이션의 옵션으로 제공되어 활용이 가능하다. 고객은 여러 가지 사전 시뮬레이션을 확인하고 본인의 선호를 더욱 분명하게 할 수 있을 것이다. 이러한 기술에 더해서 실제의 나를 더욱 빛나게 해 줄 수 있는 차별화되고 고급스러운 정교한 공예를 통한 실물 기술이 같이 구현되어야 한다. 이러한 것이 제공되는 럭셔리 비즈니스와 가상의 것으로만 존재하는 브랜드와는 차원, 격이 달라질 것이다. 이러한 방향성으로 메종(Maison), 혹은 하우스(House)라고 표현되는 지역의 히스토리를 가지는 공예적인 테크닉과 기술은 더욱 존중받는 문화가 될 것이다.

3) 빅데이터를 활용한 취향의 큐레이션

고객의 취향을 분석한 데이터를 기초로 하여 그들이 브랜드와 상호작용한 내용을 수집하고 맥락화하여 더욱 구체적인 초개인화 서비스를 제공할 수 있다. 이러한 시도는 고객과의 관계를 발전적으로 개발하고 더욱 밀접하게 관리하는 기회가 될 수 있다. 즉, 고객을 중심에 두고 전체적인 환경을 브랜드 철학과 가치관에 맞추어 개인 맞춤화하는 방식을 의미한다. 마이크로 타깃팅한 고객과 의사소통과 피드백이 밀접하게 가능해지고, 고객을 중심으로 맞춤화된 조직을 구성할 수 있다.

이에 따라 제공하는 경험에 더 많이 밀접해질수록 브랜드에 대한 충성도는 더욱 강화될 것이다. 소비자의 페르소나를 더 깊이 파악하여 적절한 경험을 위해 최적화된 브랜드의 카테고리 라인 확장을 제안하여 고객 경험의 가치를 재편성할 수 있다. 즉, 상호작용을 경험화하여 만족감을 승화시키는 방법이다.

아울러 럭셔리 비즈니스 브랜드의 진정성 있는 철학과 가치관을 전달하기 위해서 라이프 스타일 전반에 카테고리가 확장될 것이다. 이러한 액션은 비즈니스 모델의 확장과 고객 경험의 심층적 다양화를 구현하려는 복합적인 노력의 산물이다.

이같은 전방위적인 활동은 가상 메타버스와의 결합, 실물과 기기의 결합을 통해 경험의 폭을 증대하는 방안이라고 할 수 있다. 이른바, 가상 메타버스와의 교감을 통한 공감의 확대이다.

그리고 럭셔리 브랜드만의 차별화 구현을 위해서 다양한 이종 비즈니스 영역 간의 협업이 이루어질 것이다. 이러한 협업은 브랜드 철학과 가치관을 기반으로 한 큐레이션 형태로 제공되고 있고, 이러한 경향이 더욱 강화될 것이다.

긴 역사를 가지고 있는 콜라보레이션의 개념과 영역이 카테고리 확장의 의미와 맥락적으로 연결되어 그 융합의 시도가 심화될 것으로 기대된다. 이것은 아주 다른 비즈니스군과의 결합을 통해 신선하고 재미있는 이미지를 구현해 기존의 관념을 탈피하는 기회를 줄 수 있다. 또한 기존 고객에게 새로운 모습을 보여주는 기회가 될 수 있고, 신규 고객의 창조로 이어질 수 있다는 장점도 지닌다.

이처럼 럭셔리 비즈니스 브랜드의 개별 철학에 따라서 방향성이 달라질 수 있다. 예술, 트렌드, 기후변화 등 여러 가지 사회적 가치를 고려한 협업이 심화될 것이고, 이러한 가치관의 표현에 따라 고객의 충성도와 관심도 유동적이 될 수 있다. 본질의 가치에 충실하면서 브랜드만의 로열티를 높일 수 있는 엄선된 관점으로 큐레이션 된 협업, 즉 콜라보레이션이 요구될 것이다.

Chapter.2

럭셔리 비즈니스의 디지털 트랜스포메이션

5. 커뮤니케이션 매체의 다양화와 디지털 커뮤니케이션의 양상

1) 현재 시점에서의 디지털 커뮤니케이션 양상

사회 전반에 4차산업혁명 기술은 기존 기술들이 결합하여 나타난 것이다. 그 이후 정보기술사회인 제5의 패러다임의 시대적 도래로 인하여 소비자와의 실시간 상호작용, 의미 있는 소비자 참여와 관련하여 새로운 수준으로 이행이 가능한 환경이 마련되었다. 기술의 발전으로 초연결을 가능하게 하여 새로운 관계의 힘이 구축될 수 있는 환경이 조성되었다. 이것은 모바일, 인공지능, 사물인터넷, 빅데이터의 초연결 사회를 의미한다.

기술의 융합과 접점을 통하여 개인의 취향과 사회적 트렌드를 분석하여 맞춤으로 제공하는 초개인화의 큐레이션이 진행되고 제안되고 있다. 개인과 개인, 브랜드와 개인, 브랜드와 브랜드 등 상호 복합적으로 교차되는 무한대의 연결이 복합적으로 구축되는 중이다. 시간, 공간 등 인간의 기술과 접점을 이루는 요건들이 한계를 초월하여 인터넷망을 통해 무한한 연결의 세계로 접속한다.

이러한 환경은 럭셔리 비즈니스 브랜드에서 디지털 트랜스포메이션으로의 이행, 기업의 체질 개선으로 반영되고 있다. 혁신성과 타 브랜드와의 차별성을 명확히 전달하기 위해 노력하는 것의 일환이다. 디지털 기술을 통한 상호 커뮤니케이션의 영향은 집단 규모의 확장, 가치의 이동·전파의 확장, 가치 중점의 다변화로 정의할 수 있다.

이러한 디지털 트랜스포메이션의 결과는 그동안 세상을 지배해 온 전통적 커뮤니케이션의 양상을 획기적인 방식으로 뒤흔들어 놓고 있다. 즉, 수직적이고 배타적, 개별적인 것을 수평적, 포용적, 사회적인 것으로 변화시키는 데 일조하고 있다. 오피니언 리더들과 유명인들을 포함해서 일상적인 인물들 중에서 영향력을 가진 사람들이 부각되고 있고, 일상의 공유를 통한 진실성의 표출이 인기 팬덤으로 연결되고 있는 상황으로 귀결되고 있다.

2) 디지털 뉴미디어를 통한 상호교류

럭셔리 비즈니스는 전통적으로 역사성과 장인정신을 강조하며 부유층이 주로 보는 미디어를 대상으로 보수적인 홍보를 하는 것이 특징이었으나, 현재는 기존 및 브랜드 간의 창의적 결합을 위한 다채롭고 다각적인 플랫폼의 활용이 대세를 이루고 있다. 온라인 익스클루시브 단독상품을 구성하여 제안하는 방식 등이 이미 일반화되어 있다. 주얼리 산업의 경우 디지털 트렌드를 급속도로 받아들여 드레스엑스(DRESSX), 얼터리지(ALTERRAGE), 쥬벨스(JEVELS), 폼리스(FORMLESS), Tiffany&Co, Bulgari 등이 참여하면서 주얼리 비즈니스 트렌드를 WEB3로 업데이트하고 있다. AR 등의 기술을 이용한 다양한 테크 기법을 활용하여 재미와 창조적인 즐거움을 전달하고 있다. 또 디센트럴랜드(DecentralLand)에서 디지털 패션쇼를 개최하는 등 다양한 럭셔리와의 협업이 지속되고 있다.

디지털 대전환으로 글로벌 소통과 문화 다양성을 표출하는 동시에 표현, 선택, 창조와 같은 것들이 인터넷을 통해 다양하게 이루어지고 있다. 경험, 흥미, 건강, 가치와 사회적 활동 같은 취향과 선호를 빅데이터로 분석하여 여건에 맞는 맞춤 계획을 진행하여 럭셔리 라이프 스타일의 실천 전략과 카테고리를 수립하여 제공하고 있다. 제품에 예술을 접목하고 스토리텔링을 통해 스페셜한 아우라를 가미하여 폭발적인 상승을 추구한다. 각종 미디어, 매체를 통해 다양한 방식으로 중복하여 광고하고 마케팅에 활용한다. 뿐만 아니라 알고리즘 인공지능기술이 접목되어 소셜 큐레이션 된 지능형 서비스가 초개인화 취향으로 재미와 경험을 복합적으로 제공하고 상호 소비되는 공간으로서 럭셔리 비즈니스 브랜드가 자리하고 있다. 사회 문화적 관계 창조,

창출 플랫폼으로서의 기능을 활용한 다양한 접근을 모색하고 있다. 소셜 네트워크 서비스와 앱, 페이스북, 와츠앱, 텀블러, 인스타그램, 틱톡, 유튜브 등 상호 커뮤니케이션을 통한 다양한 방법으로 광범위하게 동시다발적으로 진행되고 있다. 이것은 브랜드에 관해 신뢰를 쌓고 표현하는 확장자의 역할과 공감이 확산되어 사회 문화와 가치관에 영향을 끼치는 범주로까지 확대되는 추세라 할 수 있다. 이러한 공동의 취향을 가지는 그룹 단위의 그룹문화가 사회적 연결성과 소셜 네트워크를 통해 관심사가 빠르게 확산되고 교환 축적, 발산되고 있다.

즐기고 공감하는 데 능숙한 MZ세대는 앱을 활용하여 사전에 조사를 하고 오프라인 매장에서 체험을 하는 성향을 가지고 있다. 럭셔리 비즈니스 브랜드는 MZ세대와의 원활한 소통을 위하여 디지털화에 적극적이다. 창조하는 소비자 문화를 발 빠르게 반영하고자 하는 것이며, 출시하는 제품의 속성을 연결의 중심선에 있는 소비자에게 빠르게 전파하고 반응에 대한 피드백을 받으려는 노력이다. 이러한 상호교환을 통해 소비자인 동시에 참여자의 성격을 띤다. 오픈된 환경의 커뮤니티라고 할 수 있을 것이다. 예컨대, 인플루언서, 유투버, 소셜 미디어를 이용하여 럭셔리 비즈니스 브랜드는 브랜드의 홍보에 적극적으로 활용하고 있다. 그리고 금융, 교통, 데이트, 쇼핑, 식사를 더욱 용이하게 하는 도구로까지 확장하여 생활 전반에 깊숙이 커뮤니케이션하는 장으로 사용되는 추세이다.

럭셔리 브랜드의 철학과 가치관을 살린 여행, 게임, 한정판, 예술 등 다양한 콘텐츠를 제공하는 소비자 참여 앱을 만들어 브랜드 경험을 다채롭게 체험할 수 있는 것을 제공한다. 구찌가 이러한 활동에 종합적이고 선구적인 역할을 진행하였다. 구찌 가든, 구찌 플레이스 등 이러한 활동을 통해서 브랜드와 소비자 사이의 심리적인 거리감을 해소하는 데 큰 역할을 하여 혁신을 이루었다.

3) 커뮤니케이션 디지털 매체의 다양화와 경험의 확대

기술의 발달에 따라 다양한 테크놀로지를 활용한 기술은 계속 업데이트 되고 있다. 이러한 기술을 활용하여 원 웨이 소통 그 이상의 상호 교류형의 커뮤니케이션이 지속적으로 연결된 신경망처럼 진행되고 있다.

세상은 복잡함을 더해가고 있고 기술의 혁신과 함께 다채로운 욕망을 충족하는 방식으로 다양한 매체를 활용하고 있다. 데이터로 인하여 이전에는 분석과 추적이 불가능했었던 부분까지 더욱 디테일하게 직관이 가능하게 되었다. 3D 증강현실, 파노라마, VR 체험형 콘텐츠, AR 캠페인 영상, 가상 피팅 서비스 등의 새로운 테크놀로지 기술을 활용하여 참여형 집단지성의 체험적인 경험의 활용을 통해 인식의 확장을 이루고 있다. 디지털 트랜스포메이션을 통해 단순한 미디어의 소통 수단뿐만 아니라 소비자의 경험을 바꾸는 동인이 되고 있다. 디지털이 일상에 녹아

들어 소비자의 소비행동과 구매패턴에 변화를 이루고 영향을 끼치고 있다. 스마트폰을 통해 정보에 대한 접근이 항시 이루어지고 있고, 이러한 능동적인 소비의 주체는 고객 중심으로 이루어지고 있다. 디지털로 인해 근본적인 변화가 이루어졌다고 할 수 있다. 소비자들의 구매를 위한 여정에 복합적으로 영향을 끼치고 있는데, 예전의 병렬형 메시지 전파와 마케팅 전달 방식은 완전히 다른 패러다임으로 전환되고 있다. 과거에는 흥미를 가지고 인지하여 소비에 대해 고려하고 의도를 이해하고, 이에 개인의 평가를 한 후 구매를 이루는 형식을 진행했다면, 현재는 다양한 커뮤니케이션의 매체를 복합적이고 입체적인 네트워크에 동시다발적으로 접속하여 이러한 결론에 다다른다. 여기에 검색을 하여 구매를 한 후 경험을 공유하고 인증까지 하는 다양한 표현을 디지털 매체를 통해 진행한다.

이처럼 다양한 테크 기술과 기기들이 발전하고 있는데, 이러한 것들을 활용하여 다른 차원의 경험을 전달하는 것이 럭셔리 비즈니스 브랜드의 차별화 양상이라 할 수 있다. 이러한 것을 진행함에 있어서 브랜드의 가치관과 맞는 적절한 효용의 융합으로 제안되고 있다. 이러한 모든 노력은 소비자의 구매에 적극적으로 대처하고, 이 과정에서 효과적으로 브랜드의 가치관과 메시지를 전달하고자 하는 노력이다. 고객의 구매 이력 데이터와 검색 데이터, 소셜미디어의 버즈 데이터, 유튜브에서 어떤 콘텐츠를 소비하는지, 그리고 어떤 개인 취향 정보의 가공을 통해 공유하는지, 어떤 앱을 얼마나 사용하는지 등의 행동 패턴과 구매 패턴을 분석하여 이러한 일련의 행동양식에 적절히 개입하는 노력이 필요하다. 분석을 기본으로 구매양식의 패턴과 코드, 반복 지점을 짚어내어 맥락적인 통찰의 솔루션을 찾아야 한다. 이러한 개입을 얼마나 세련되고 적절한 콘텐츠의 대입을 통해 긍정적인 반응으로 이끌어 내느냐도 중요한 지표와 해결점이 될 수 있다.

최근 온라인 스트리밍 서비스를 적극적으로 비즈니스에 대입하고 있는 추세이다. 개인과 개인과의 커뮤니케이션을 기반으로 확장된 커뮤니티, 브랜드와의 커뮤니케이션, 크리에이터들과의 협업, 공동 창작 작업등을 활발하게 진행하고 있다. 이러한 모든 활동을 위하여 온 오프라인의 다양한 커뮤니케이션의 툴을 복합적으로 융합하여 사용하고 있다.

이같은 방식은 고객 참여를 유도하고, 주인의식의 고취를 통해 몰입감을 확장하여 경험의 폭을 증대하려는 목적을 가지고 있다. 브랜드의 메시지와 제품의 헤리티지, 스토리텔링의 공유와 전파를 통해 동질성, 통일성, 일치성, 정체성, 주체성을 고취하는 커뮤니케이션을 위해 최신의 다양한 테크놀로지를 사용한 기술과 매체를 다각도로 활용하고 있다.

디지털 메타버스 세계에서도 현실과 같이 미러링하여 럭셔리를 누리고자 하는 욕망의 접근을 구체화하여 비즈니스에 활용하고 있다. 게임을 통한 즐거움을 향유하려는 문화가 증대하고 있어서 이러한 부분을 반영하여 럭셔리가 추구하는 세련된 멋과 고급스러움을 연계하여 적용하고자 하는 노력을 기울이고 있다.

디지털 럭셔리는 하드웨어, 소프트웨어, 가치관의 세 가지 관점에서 확장되고 있다. 프라다 그룹은 어도비 익스피리언스 클라우드(Adobe Experience Cloud)를 활용해 디지털 혁신을 적극적으로 추진하였고, 인공지능의 데이터 기반 추천을 활용한 케이스이다.

디지털 트랜스포메이션을 기본으로 구매 여정의 데이터의 분석을 통해 브랜드의 메시지 전달 시점을 결정하고 스토리 선상에서 럭셔리 비즈니스 브랜드의 가치를 커뮤니케이션하는 것이 중요하다. 이러한 지속적인 커뮤니케이션의 발전은 기술의 적절한 활용과 함께 생활의 변화와 라이프 스타일의 혁신을 가져오고 있다.

6. 럭셔리 비즈니스 마켓에서의 콜라보레이션을 통한 커뮤니케이션

1) 콜라보레이션의 의미와 역사

콜라보레이션(Collaboration)의 어원은 라틴어 'Cum(누구와 함께)' + 'Laboro(노동, 일)'의 결합으로 탄생되었다. 그 기원은 중세 문화를 꽃피운 르네상스 시대를 탄생시킨 이탈리아 메디치 가문에서 찾을 수 있다. 당시 메디치 가문은 이탈리아의 정치가이자 피렌체 공화국의 통치자이며 동시에 예술의 강력한 후원자였다. 막대한 자금력과 권력을 바탕으로 피렌체를 중심으로 하여 예술, 시인, 화가, 외교, 과학자, 천문학자 등을 막대하게 후원하여 문화와 예술이 융합하는 장을 마련하였다. 럭셔리 제품에 꼭 필요한 예술적 미를 반영하고, 공예의 아름다움과 정교함을 더하여 럭셔리 한 퀄리티를 구현하는 자양분이 되었다. 아울러 다양한 분야의 결합과 융합의 교차점이 되어 콜라보레이션의 기틀을 마련하였다.

'콜라보레이션'은 예술사적 관점에서 보면 19세기 후반부터 20세기 초반에 유럽에서 발생한 예술운동인 다다이즘과 초현실주의에서 처음 사용되었다. 기존의 예술관을 전복하여 새로운 예술 형식을 창조하기 위해 다양한 분야의 예술가들이 협력하고 실험을 통해 새로운 분야를 창조한 것이며, 한 분야의 경계와 한계를 넘어서기 위한 시도라 할 수 있다. 그리고 이러한 활동은 상상력을 자극하여 신선한 영감을 불러일으켜 새로운 것을 창출하게 하는 데 의의가 있다고 할 수 있다. 이종 간의 결합과 융합의 자연스러운 형태로 발전, 도출되었으며, 이러한 시도는 현대에도 강력하게 진행되고 있는 현재진행형의 전략이라고 할 수 있다.

예컨대, 20세기 중반 앤디 워홀이 등장하면서 예술과 산업의 심화된 접점이 활발하게 이루어지는 계기를 마련했다. 팝 아티스트 앤디 워홀의 작품은 마케팅 목적이 아니었으나 여러 마케터와 산업계에 종사하는 사람들에게 문화충격과 영감을 주는 계기가 되었다. 이후 보드카 앱솔루트, 울라푸르 엘리아손의 루이비통, BMW 등 유명제품들의 콜라보레이션 프로젝트가 진행되며 본격적인 서막을 열었다. '녹색 코카콜라 병'이나 캠벨수프 등을 활용한 대표적인 예술 작품들을 선보이며 아트 콜라보레이션의 한 획을 그었다.

콜라보레이션은 예술뿐만 아니라 패션, 음악, 스포츠 등 다양한 분야에서 경계를 넘나들며 더욱 다양한 접점을 이루어 활발하게 진행되기 시작했다. 그중 주목할 수 있는 것은 대중문화를 대표하는 패션과 음악과의 결합이다. 유명한 브랜드와 아티스트가 특성을 반영하고 결합, 융합하여 새로운 스타일과 트렌드를 리드하게 되었다. 영국의 패션 디자이너 비비안 웨스트우드와 펑크 문화를 대표하는 뮤지션 섹스 피스톨스의 콜라보레이션은 영국 대중문화 전반에 큰 영향을 끼쳤다고 평가받는다. 이러한 결합은 단순한 이벤트성으로 그치는 것이 아닌 타 영역과 문화 전반에 영감을 확산시켰다. 펑크 문화 전반에 대한 재고와 독창성, 복합적인 이미지의 전달로 반항적이지만 개성있는 패션과 음악을 공연으로 승화하여 사회 규범에 도전하는 메시지를 전달하였다.

2) 콜라보레이션(Collaboration)의 효과와 원칙

콜라보레이션은 현재 모든 영역에서 진행 중이다. 때로는 차별화를 위해 리미티드 에디션, 스페셜 에디션과 같은 특별함을 동반하는 개념으로 광범위하게 사용되고 있으며, 경제적으론 '소량, 소수 생산'에 따른 희소성을 의미한다. 그리고 이러한 특별한 개념을 더함으로써 럭셔리를 향유하는 그룹의 속성에 디테일한 만족감을 더하고자 노력한다. 또한 장인정신과 함께 공예적인 테크닉 방식을 고수하여 특별함을 추가하여 이러한 엄선한 스토리를 기반으로 소비자에게 '온리 원'이라는 스페셜한 개인 맞춤 서비스 제공 부분을 강조하여 전달하고자 한다.

이러한 작업은 뇌과학적으로도 설명이 가능하다. 예술작품을 감상할 때 자극되는 두뇌의 보상과 쾌감 영역의 긍정적 이미지가 바로 그것이다. 예술 작품이 기업 브랜드로 전이되는 인지적 효과 때문에 이러한 전략적 방식을 럭셔리 명품 브랜드 기업은 적극적으로 제안, 활용하고 있다.

중요한 효과는 서로 연관이 없는 분야에서 느껴지는 신선한 이미지와 함께, 서로의 장점을 극대화하고 약점을 보완할 수 있는 효과를 지니며 새로운 차원으로의 상승을 기대할 수 있다. 요컨대, 콜라보레이션은 브랜드 이미지에 대한 재고를 통해 서로의 가치를 극대화시키려는 노력의 일환이다.

이러한 성공적인 콜라보레이션을 위해서는 대전제가 되는 원칙이 필요한데, 바로 상호 간의 이해와 배려이다. 필요와 존중에 바탕한 커뮤니케이션의 결과를 통해 기존의 것을 전복시키고 장점은 강화하면서 새로운 것으로 형상화하는 고객 경험의 차원으로 인식의 전이를 이룰 수 있을 것이다. 그리고 이때 전달하고자 하는 경험적인 가치와 철학, 메시지를 분명하게 하여야 소비자가 최종적으로 체험하는 가치와 철학의 상승점이 명확하게 표출, 전달될 것이다.

3) 콜라보레이션의 미래 전망

현대에 콜라보레이션은 더욱 다양한 장르와 분야에서 파격적인 방식과 일상적인 마케팅의 방안으로 행해지고 있다. 소비자와의 커뮤니케이션 방식에 디지털 테크놀로지와 SNS를 활용하여 즐길 수 있는 방식으로 라이프 스타일에 반영되고 있는 추세이다. 문화예술, 엔터테인먼트에 대한 수요와 욕구는 기하급수적으로 급증하고 있다. 이러한 배경으로 소비자의 라이프 스타일 추이에 맞추어 그들을 매혹시킬 수 있는 다양한 파격적인 방법을 진행하고 있다. 아트와 테크의 결합을 위하여 5G 도입과 빅데이터를 통한 인공지능, 증강현실, 영상 등 첨단기술 도입에 적극적이다. 예술가들은 자신의 작품을 시대상과 다른 장르, 다양한 분야와 결합하여 새로운 가치와 표현을 창출하고자 항상 노력한다.

이러한 사회 가치의 반향과 융합에 대한 열린 태도는 예술 작품의 무궁무진한 변화를 기대해 볼 수 있는 문화의 한 양상이라고 할 수 있다. 이러한 맥락으로 럭셔리 브랜드와 예술, 기술을 반영한 방식으로의 다양한 콜라보레이션은 또 하나의 업그레이드된 작품으로 인식될 수 있다.

콜라보레이션은 융합과 혁신을 통한 새로운 스테이지로의 전환적 창조를 이루어 가는 현대사회의 특징을 가장 잘 반영하는 콘셉트이다. 긴 역사를 가지고 있는 콜라보레이션의 개념과 영역이 카테고리 확장의 의미와 맥락적으로 연결되어 그 융합의 시도가 경계를 넘어 심화될 전망이다. 이것은 아주 다른 비즈니스군과의 결합을 통해 신선함과 재미를 더하여 이미지를 다각화할 수 있는 장점이 있다. 콜라보레이션은 단순한 브랜드 간의 만남과 일차원적인 조합의 상태에서 브랜드의 유니크한 스토리와 철학 감성, 이야기를 융합하여 다른 차원으로 전이시키는 효과를 가져갈 수 있다. 이러한 시도는 새로운 경지의 시너지 효과를 제공하여 신규 고객을 창조할 수 있는 장점이 있다. 이러한 액티비티는 럭셔리 비즈니스 브랜드의 개별 철학에 따라서 이합집산의 과정을 거쳐 개인의 취향을 반영해 큐레이팅하는 쪽으로 방향성이 달라질 수 있다.

앞으로 예술, 트렌드, 기후변화 등 여러 가지 사회 가치를 고려한 협업이 심화될 것이고, 이러한 가치관의 표현에 따라 고객의 충성도와 관심도 유동적이 될 수 있다. 콜라보레이션은 다양한 분야와 영역에서 상상력을 자극하고 혁신적인 결과물을 만들어 낼 수 있는 핵심 고리 역할을 할 수 있다. 그리고 단순한 전략사항이 아닌, 새로운 예술의 표현으로 제안될 수 있다. 본질의 가치에 충실하면서 럭셔리 브랜드만의 로열티를 상승시킬 수 있는 엄선된 큐레이션 된 협업, 콜라보레이션이 요구될 것이다.

7. 럭셔리 비즈니스에서의 고객 경험을 위한 커뮤니케이션

럭셔리 패션 마케팅의 대표적 커뮤니케이션 전략

럭셔리 비즈니스 브랜드는 고급스러움과 특별함을 누리고 표현하고 싶은 인간의 욕망을 구체화하는 취향의 표현수단이 되고 있다. 이러한 특별함은 시대상을 반영한 변화를 계속하고 있는데, 콜라보레이션을 통해 새로운 차원과 다양성으로 진화를 거듭하고 있다.

럭셔리 비즈니스에서의 대표적인 커뮤니케이션 전략 양상은 크게 네 가지로 분류할 수 있다. 아트와 문화와의 접점을 표현한 콜라보레이션 전략, 콘텐츠 콜라보레이션, 스포츠 콜라보레이션, 브랜드와 브랜드 간의 콜라보레이션이다.

이 각각의 콜라보레이션 양상을 좀 더 구체적으로 알아보도록 하겠다.

1) 아트 문화 마케팅 콜라보레이션

아트 문화 마케팅은 럭셔리 비즈니스 브랜드에서 빈번하게 사용되는 마케팅 전략 중 하나이다.

예술의 다양하고 실험적인 관점과 인프라를 럭셔리 비즈니스에 활용하여 기업과 브랜드의 이미지와 인지도를 상승시키고 구체화해 나가고자 하는 노력의 일환이다. 이미지의 전이를 통한 고도의 감성 마케팅 전략이라고 할 수 있다. 판매하고자 하는 제품에 예술의 상징성과 이미지를 접목시켜 구매자에게 일차원적인 제품의 제공과 함께 예술이 가져오는 다차원적이고 심미적인 만족감을 제공하고자 하는 방식이다.

이러한 흐름은 근대에 들어서 새롭게 생긴 방법은 아니다. 럭셔리 비즈니스와 아트 문화의 콜라보레이션은 깊은 역사를 가지고 있다. 이 방법은 현대에 들어와 메세나(Mecenat)라는 이름으로 명명되어 있지만, 그 기원은 예술가를 후원하는 전통적인 방식으로 거슬러 올라간다. 앞서 언급한 바 있지만, 메세나의 이름은 로마 시대의 시성 웰기리우스를 지원해 준 '가이우스 슬리니우스 마에케나스'라는 실존 인물의 이름에서 유래하며, 그 구체적 존재 방식 역시 중세 르네상스부터 기원을 두고 있다.

이런 방식의 콜라보레이션은 주체 브랜드와 다른 럭셔리 브랜드 그룹과의 차별을 극대화하기 위해 자주 사용되고 있다. 예컨대, '구찌'가 이러한 방법을 통해 이미지 변신과 전성의 시대를 구가했다. 그리고 타 브랜드와 차별화하기 위하여 전통적인 방식을 디지털 기술과 접목하여 다양한 방식으로 럭셔리 소비자에게 접근하고 있다. 현재는 대부분의 럭셔리 비즈니스 브랜드들이 이러한 방식을 사용하고 있다.

가령, 전시회를 통한 아트콜라보레이션은 아티스트와 함께 전시회를 개최하여 공간과 작품을 공동으로 제작하는 방식으로 진행된다. 문화적 다양성과 아티스트의 개성, 세계관과 가치관을 공유하고 새롭게 재해석한 관점을 제안할 수 있어서 브랜드에 새로운 표현의 혁신을 가져올 수 있다. '디올'은 아프리카계 여성작가인 조디아크 스키스와 함께 디올 스탠딩 우먼 전시회를 개최하였다. '루이비통'은 2019년부터 매년 유망 현대미술가들에게 200점 한정판의 카퓌신 백 제작을 의뢰하는 아티카퓌신 한정판 에디션을 진행해 왔다. 그리고 쿠사마 야요이 콜라보레이션을 두 번에 걸쳐 대대적으로 진행하였다. 샤넬, 프라다, 구찌 등이 추진하는 아티스트와의 협업 전시는 증대하는 추세이다.

저자가 10년간 재직하였던 MCM에서 전시회를 통한 아트 콜라보레이션은 스페셜 백팩과 함께 MCM이 글로벌 브랜드로 위상을 높이는 첫걸음이 되는 기회가 되는 전략이 되었다. 이 전시회 이후로 루이비통 등 다른 럭셔리 브랜드의 전시회들이 잇따라 열리게 되었다. 독일 브랜드인 MCM의 35주년을 기념하기 위하여 35개의 다양한 스페셜 버전을 직접 디자인 디렉팅하고 제품으로 제작하여 전시회를 개최하였고, 이 상품을 추후에 경매로 판매하였다. 판매 방식도 옥션에서 예술품이 경매되는 방식을 사용하였다. 이 전시회는 다른 어느 럭셔리 브랜드보다 선진적으로 진행한 개념이었으며, 대중의 이목을 끄는 차별화된 방식이었다. 물론 직접 디자인과 디렉팅을 진행하였기에 특정 아티스트와 협업을 한 것은 아니었으나 아티스트적이고 공예적 터치와 효과로 인해 화제를 모아 다른 아티스트 협업을 이끌어 내게 되었다.

그 후에 MCM을 비롯하여 다른 럭셔리 브랜드의 아트 전시회 콜라보레이션은 거듭되었다. MCM에서는 독일 브랜드이기에 독일 작가들과 계속 협업을 이루어 나갔고, 저자는 그 콜라보레이션 제품의 방향성 도출과 아티스트의 콘셉트적 기획 의도를 반영하고 그 상호미학과 실용성의 극대화를 위한 조율과 제품의 디자인화, 스케줄링까지 담당하여 지속적인 모델을 정립하여 구축했다.

이러한 프로젝트를 위해서는 마케팅, 머천다이징, 생산, 머터리얼 소싱, 작가, 회사의 의사 결정 등의 커뮤니케이션과 동시에 소재의 수급, 그리고 소재의 디자인 기획, 국내·외 소재 업체와의 커뮤니케이션, 작가와의 의견 조율, 회사 내부의 의견 조율, 그래픽 디자인, 세부 테크닉의 개발 등 상품화를 위한 기술적 완성도 등을 모두 포함한 스케줄링이 필요하다. 그리고 이것이 완성되어 홍보에 활용될 시간, 상품이 매장에 들어가야 할 소요 시간까지 계산된 스케줄링도 필요한 고도의 전략적 작업이다. 아울러 브랜드의 이미지를 고급화하고 특별하게 보이게 하는 것이기에 퀄리티와 함께 화제성, 판매성 등 어느 것 하나 놓치면 안 되는 스페셜한 프로젝트라 할 수 있다.

아트 콜라보레이션은 유구한 역사성을 지니는 동시에 현대의 럭셔리 마케팅에도 다시 활용할 수 있는 가장 효과적인 방법이라고 할 수 있다.

2) 콘텐츠 콜라보레이션

① 콘텐츠 콜라보레이션의 개념과 배경

콘텐츠 콜라보레이션은 OSMU(one soruce multi use)와 달리 콘텐츠 소스의 단순한 재사용에 그치지 않고, 기존의 핵심적 경쟁력을 유지하면서 콜라보레이션의 대상이 되는 콘텐츠에 포함된 화제성과 참신성을 적극 수용할 수 있는 진화된 개념의 콘텐츠 융합 방안이다.

콘텐츠 콜라보레이션의 유형은 럭셔리 비즈니스에서의 추세에 따라 디지털 NFT콜라보레이션, 만화 콘텐츠를 활용한 콜라보레이션으로 구분할 수 있다. 콘텐츠가 가지는 스토리텔링, 이미지 유형의 특성과 연계한 발전적 심상을 가져오기 위한 전략이라 할 수 있다. 특히 젊은 세대 MZ세대의 관심을 불러일으키기 위한 방법이다. 디자인 굿즈와 캐릭터와 이모티콘에 익숙한 세대를 포용하고 친근하게 다가가려는 방식이다.

② 디지털 아트 콜라보레이션 개념과 배경

디지털 아트 콜라보레이션은 현재 럭셔리 비즈니스 브랜드에서 많이 사용되는 방법이다.

NFT는 Non-fungible Token의 약자로, 블록체인 기술을 활용하여 디지털 아트의 진본성과 소유권을 보장하는 토큰이다. NFT는 디지털 아트 시장에 혁신을 가져왔으며, 명품 브랜드들도 이에 주목하여 NFT와 콜라보레이션을 다양하게 시도하고 있다. 블록체인 기술과 결합하여 거래 기록과 작품 정보가 유통되는 NFT는 디지털 아트 미술시장의 지평을 열고 있다. 이러한 기술을 통한 콜라보레이션 방식을 사용하여 럭셔리 비즈니스 브랜드의 디지털 전환과 차별화, 소비자와의 새로운 소통과 경험을 제공하여 또 하나의 생태계를 구축하는 다양한 효과를 가져온다. 럭셔리 비즈니스 브랜드에 대한 Z세대의 관심을 불러일으키고 실제 제품과 메타버스의 교집합을 통해 럭셔리 브랜드에 대한 이미지 전환을 가져올 수 있는 방법이다. 이러한 방법의 시도는 현재진행형이다. 그리고 브랜드에 대한 관심과 참여권을 부여해 지속적으로 연계적 커뮤니케이션을 하고자 하는 노력의 일환이라 할 수 있다.

프라다는 카시우스 허스트(CASSIUS HIRST) NFT 타임캡슐 프로덕트를 진행하여 UNISEX SHIRTS를 만들었다. 아티스트 콜라보레이션 협업작품이라 할 수 있다. 이러한 시도는 피지탈(Phygital) 요소로 확장이 가능하다. 이것은 실제 제품과 이벤트

참여에 대한 참여권을 제공한다. 지속적인 참여와 흥미를 유발하고 그룹문화를 강화하기 위한 수단으로 시도된다.

구찌와 슈퍼플라스틱(GUCCI + SUPERPLASTIC)은 SUPERGUCCI DROP을 진행하였으며, 실물 세라믹 조각품과 함께 제공하는 콜라보레이션 형태이다. 향후의 지속된 이벤트와 드롭에 대한 참여권이 제공되었다. COLETTE & 사이클롭스 아바타 프로젝트 다셀 디스어포인츠(DARCEL DISAPPOINTS)는 NFT 구매자에게 맞춤형 휴대폰 커버와 DOUR DARCELS 후드티를 제공하였다. 파리의 유명한 큐레이션 멀티브랜드 편집샵인 콜레트와 크레그 앤레드만이 진행한 다셀의 원아이 싸이클롭스 캐릭터를 활용한 NFT작업물이다.

버버리는 마인크래프트와 협업을 진행하여 콜렉션 일부에 마인크래프트 이미지를 입혀 판매하였고, 게임세상에서 공간을 구성하여 제안하였다. 버버리는 온라인 게임 '블랑크로스'와 협업하여 NFT로 제작된 버버리 아이템을 게임 내에서 구매할 수 있게 하였다. 선별한 제품에 RFID TAG를 짜 넣어서 제품과 관련 있는 맞춤형 멀티미디어 콘텐츠가 송출되는 서비스를 진행했다. 거울이 화면으로 변해서 런웨이 장면과 독점 영상을 제안해 주는 테크 기술을 경험하게 하였다. 또 위성 기술을 활용하여 여러 행사를 매장 내에 실시간으로 중계해 주는 서비스를 진행하였다. 이탈리아 명품 브랜드 돌체 앤 가바나는 '코로나다'라는 NFT 컬렉션을 출시하여 옥션에 경매를 진행했다. 이러한 콜라보레이션은 럭셔리 브랜드의 디지털 전환을 통한 개성의 표출과 차별화, 소비자와의 새로운 소통과 경험 제공 등의 효과를 가져온다.

토즈(TODS)와 발렌시아가(BALENCIAGA)는 패션에 음악을 접목한 패키지가 연계된 NFT를 발행했다. 익스클루시브 티셔츠와 후디를 제공하고 칩을 구매 후 익스클루시브된 상품과 음악을 들을 수 있는 권리를 부여한다.

라코스테는 샌드박스에서 90주년 기념을 기념했다. 샌드박스에서 월드 버추얼 투어를 마치고 뉴 버추얼 팝업 스토어를 개장했다. 이를 통해 샌드박스를 이용하는 유저들은 스포츠 헤리티지를 축하하고 경험할 수 있는 기회를 갖게 되었다.

③ 명품 브랜드와 만화가의 콜라보레이션

만화가가 가진 직관적이고 해학적인 표현력을 활용하여 브랜드의 메시지를 재미있고 신선하게 전달하는 방법이라 할 수 있다. 캐릭터 콘텐츠를 활용한 방식은 젊은 세대에게 다가가기 위한 방식과 익스클루시브 카테고리 구성을 통해 브랜드에 대한 재해석을 전달할 수 있는 강점이 있다.

현대자동차는 세계적인 경제지 이코노미스트의 유명한 정치 만평가 케빈 칼과 협업하여 'live brilliant' 브랜드 캠페인의 가치를 담은 만화 작품을 제작하였다. 브랜드의 이미지와 가치를 강화하고, 소비자와의 감성적 공감과 유대감을 형성하는 효과를 위해 진행한 케이스이다.

스페인의 럭셔리 레더 액세서리 브랜드 로에베는 일본의 유명한 지브리 스튜디오의 〈하울의 움직이는 성〉에 나오는 캐릭터를 제품에 반영하여 의류와 가방, 소품에 적용하는 콜라보레이션 제품을 제안하였다. 이탈리아의 대표적인 명품 브랜드 구찌는 일본의 만화 캐릭터 도라에몽을 의류와 가방에 반영하여 재미와 새로운 이미지를 주는 콜라보레이션을 진행했다. 브랜드와 아티스트의 시너지 효과를 위한 전략적 표현의 하나이다.

롱샴은 대표 가방 라인인 르 플리아쥬에 피카츄 캐릭터가 들어간 한정판 상품을 판매하였다. 일반적으로 브랜드의 대표적인 형상을 담은 카테고리 킹 아이템을 머천다이징으로 구성하여 기본 철학을 대변하는 대표적인 상품에 적용하여 새롭고, 재미있고, 흥미를 불러일으키는 효과를 추구한다.

3) 스포츠 콜라보레이션

건강에 대한 관심은 지속되고 있는 트렌드이다. 팬데믹 이후 건강에 관한 관심은 더욱 확대를 넘어 팽창되고 있다. 건강을 제대로 관리하려는 노력은 스포츠와 밀접하게 관련되어 라이프 스타일에 반영되고 있다. 이것은 세대를 아우르는 문화이며, 취미 생활, 엔터테인먼트와 함께 생활에 활력을 주는 중요한 요소로 자리 잡고 있다. Z세대는 특히 스포츠에 많은 시간을 할애하고 있으며, 건강관리를 일상과 라이프 스타일 패션에 반영되고 있다. 특히 2022년부터 골프에 대한 관심이 급증했으며, 백화점 플로어 구성에 스포츠 중 골프 매장의 구성이 크게 늘었다. 또한 이런 경향은 테니스 스포츠로 전이되는 양상으로 다변화하고 있는 추세이다. 이러한 관심을 반영하여 럭셔리 브랜드와 레저, 라이프 스타일, 스포츠와 연계된 패션 라이프 스타일이 그룹 문화로 대두되고 있다.

최근 진행한 스포츠와 럭셔리 브랜드와의 협업사례에 대해 간략히 목록을 정리해 보았다. 이것은 현재진행형이자 미래에 계속하여 적용될 협업사례라 볼 수 있다.

스포츠와 명품 브랜드 협업 사례는 지속되고 교차되고 있는 추세이다. 다양한 사례를 볼 수 있는데, 나이키와 프랑스의 자크뮈스, 엘레쎄와 마이클 코어스, 휠라와 로산다 일린칙과의 콜라보레이션이 있다. 루이비통과 나이키는 에어포스 19종을 2022년 5월 출시하여 인기를 끌었다.

구찌와 아디다스의 협업 콜라보레이션은 2022년 6월 출시하여 스포츠 캐주얼룩과 슈즈 등 지속되고 업그레이드된 방식으로 버전을 거듭하며 연계하여 시선을 집중시켰다. 디올과 테크노짐(TECHNOGYM)의 콜라보레이션은 홈트레이닝 장비 브랜드로 트레드밀, 짐볼, 아령 등 홈트레이닝 제품을 제안하여 라이프 스타일 구성으로 제안하였다. 아이더와 기아는 하이킹화를 제안하였다. 나이키와 디올의 콜라보레이션은 에어조던1에 디올의 시그니처 패턴과 로고의 조합을 반영했다. 2023년 3월 뉴발란스가 런던 기반의 고급 이탈리아 스트리트 패션 브랜드 '에리즈'와 협업 컬렉션을 진행했다. 발망, 꼼데가르송과 손잡았던 아디다스는 스텔라 매카트니, 라프 시몬스, 요지 야마모토 등과도 콜라보레이션 작업을 진행해서 협업의 거듭된 발전과 면모를 나타내고 있다. 이러한 스포츠와의 협업은 건강에 대한 관심과 더불어 꾸준히 상향 지속될 것으로 예측된다.

과거 스포츠 브랜드의 주력 모델은 스포츠 스타로 국한되는 경향이 있었으나 현재에는 인플루언서와 유튜브 등으로 저변이 확대되는 추세이다.

4) 브랜드와 브랜드 간의 혁신적인 콜라보레이션 사례

최근 럭셔리 브랜드와 브랜드 간의 결합과 융합을 통한 파격적인 차원의 콜라보레이션이 진행되었다. 흥미와 관심을 집중시킨 것은 발렌시아가와 구찌의 협업 사례이다. 이것은 패션쇼와 매장의 공간 구성, 제품까지 연계하여 전 세계적으로 큰 인기를 끌었다. 이탈리아 명품 브랜드 구찌와 스페인 명품 브랜드 발렌시아가가 함께한 콜라보레이션이며, 구찌의 클래식한 디자인에 발렌시아가의 로고와 패턴을 믹스하여 색다른 매력을 제안하여 희소성 있는 파격미를 제안하여 가방, 의류, 신발 등 다양한 아이템을 출시하였다. 이러한 시도를 통해 콜라보레이션의 새로운 지평을 열었다. 그 뒤를 이어 이탈리아의 명품 브랜드 베르사체와 펜디가 협업하여 콜라보레이션을 진행했다. 베르사체의 메달리온 심볼과 펜디의 로고의 재해석을 가미한 재조합의 제안으로 공예적이고 화려한 디테일과 새로운 깊이를 느끼게 하는 미니 콜렉션을 제안하였다. 다양한 의류와 액세서리를 조합하여 펜디 체라는 이름으로 화제가 되었다. 이러한 동향은 새로운 시도로 경쟁 구도 포지션의 브랜드 간 파격적인 병합으로 새로운 미를 제안하여 차원이 다른 새로운 면을 보여주는 계기가 되어 계속 업그레이드된 모습으로 지속이 될 전망이다.

럭셔리 패션브랜드의 다양한 콜라보레이션의 효과

최근 럭셔리 패션브랜드와 문화 사회적 콜라보레이션은 MZ 세대를 주요 타깃으로 하고 있다. 문화 사회적 콜라보레이션이라 표현을 한 까닭은 바운더리의 경계를 뛰어넘는 다양한 분야와 산업계 간의 접점을 이루는 것이기 때문이다. MZ세대는 개성과 취향을 중시하며, 신선하고 트렌디한 감성을 선호하고 소셜미디어를 통해 자신들의 소비 스타일을 공유하는 동시에, 다른 사람들과 소통하고 플렉스 하려는 성향을 가지고 있다. 이러한 MZ세대의 특성에 부합하는 콜라보레이션 상품은 그들의 구매욕구를 자극하고, 브랜드에 대한 인지도 제고와 충성도, 마니아적인 성향을 높여 관심을 증폭시키는 효과를 가져올 수 있다.

다양한 콜라보레이션을 통한 접점의 확대를 통하여 브랜드의 디자인과 예술의 일체화, 사회·문화적 배경의 다양화, 표현의 혁신적 비전화 등의 효과를 가져올 수 있다. 럭셔리 비즈니스에서 가장 강조하는 철학과 가치 메시지를 전달하기 위한 방법이자, 고객에게 경험의 진화와 지속적인 다양화, 차별화를 제안하는 일환으로서 협업과 융합은 아주 중요한 키 전략이라 할 수 있다. 이러한 추세는 사회 문화적인 변동과 연동하는 것으로, 기능성 물질주의 중심에서 창조성과 경험 중심으로의 변화를 의미하며, 기능보다 감정적 기억과 개인화된 취향을 경험하게 하는 것이다.

이같은 콜라보레이션을 성공시키기 위해서는 의외성, 재미, 품질 등의 요소를 갖추어야 한다. 그리고 콜라보레이션을 통해 만들어진 결과물이 각 브랜드의 이미지와 정체성을 잘 반영하고, 소비자들의 니즈와 호감도를 고려해야 한다. 사회 문화적인 배경을 고려해야 함은 기본이라 할 수 있다. 이러한 다양하고 다각적인 콜라보레이션 마케팅은 새로운 시장과 고객을 확보하고, 브랜드 인지도와 매출을 증대시키는 기회를 제공하며, 문화의 다양성을 촉발시키는 효과를 기대할 수 있다.

럭셔리 비즈니스 브랜드의 이러한 노력은 단순한 온라인상의 이미지 구축이 아닌 고객과의 상호작용을 위한 소통와 연대감의 발로이다.

8. 생성형 AI 시대
럭셔리 비즈니스의 대처 양상

1) 생성형 인공지능을 활용한 디지털 트랜스포메이션

생성형 AI(Altificial Intelligence Generative)는 인공지능 분야의 한 분과이며 알고리즘 기술을 활용하여 이미지, 문자, 음악, 시뮬레이션, 비디오 등의 도구를 활용하여 새롭고 독창적인 콘텐츠를 만들어 내는 행위를 의미한다. 인공지능의 딥 러닝을 통한 학습과 패턴인식을 통해 이루어진다. 생성형 AI는 음악과 예술을 아우르는 창조산업, 질병을 진단하는 의료, 학생들의 교육 등 다양한 산업 전반에 활용할 수 있다.

챗지피티(ChatGPT), 미드저니, 빙(BING) 등의 기술을 활용하기 위한 대전제는 기업의 생태계를 디지털 트랜스포메이션화, 즉 연동하는 것을 의미한다. 기존 콘텐츠의 개선과 동시에 맞춤형 콘텐츠를 제공할 수 있다. 또 디지털 기술을 활용하여 비즈니스 모델, 고객 경험, 가치 제안 등을 혁신하는 모든 과정을 의미한다.

이러한 일련의 행위는 브랜드의 이미지를 강화하고 커뮤니케이션 방법을 다양화하는 데 사용되고 있다. 커뮤니케이션 방식은 소셜미디어를 통한 소통이 기본이다. 일차적으로 브랜드의 콘텐츠와 메시지를 공유하고, 커뮤니티 구축을 위하여 주로 활용되고 있다. 아울러 인지도를 확대하고 고객의 참여를 높이는 것이 주요 목적이다. 증강현실기술(AR)과 가상현실(VR)기술은 이를 복합적으로 시의적절하게 활용하여 고객에게 경험의 차원을 실감나게 전달하는 데 도움이 된다.

예를 들어, 프랑스의 명품 브랜드 디올은 AR기술로 스마트폰 앱에서 고객이 자신의 얼굴에 코스메틱 제품이 AR로 적용되는 것을 활용했다. 패션쇼에서 가상 현장의 체험이나 의류 사이즈 핏을 데이터를 분석해 초개인화 해서 제공하는 다양한 서비스가 럭셔리 브랜드에서 구현되고 있다. 요컨대, 초개인화의 큐레이션 서비스라 할 수 있다.

이러한 활용은 제품 디자인의 시뮬레이션에 원용될 수 있다. 실제 제품화를 진행하기 전에 고객과 상호교감을 위해 여러 가지 원하는 방향과 옵션의 모델링과 가상의 체험으로 제공될 수 있다. 고객의 응대에 이러한 챗봇 인공지능 대화시스템을 활용하여 제품 추천과 예약에 활용할 수 있다. 생성형 AI는 럭셔리 비즈니스 최종 여정인 고객 경험뿐만 아니라 프로세스 전반에 많은 영향을 미칠 수 있는 잠재력을 가지고 있다. 브랜드가 가지고 있는 고유의 신념을 고객이 원하는 가치와 지속적으로 연결하는 데 도움을 주는 바탕이 된다.

2) 생성형 인공지능 AI가 럭셔리 비즈니스 프로세스 개선에 미치는 영향

기술을 사용하여 다양한 디자인 시뮬레이션의 옵션(예: 가구 및 보석의 3D 모델)을 준비할 수 있고, 더 잘 팔리는 디자인을 만들며, 마케팅 비용을 절감하고, 고객 커뮤니케이션을 초개인화하는 동시에 프로세스 속도를 높이는 것이 가능하다. 공급망 및 물류, 매장 운영, 조직 및 지원 기능의 보완이 가능하다.

크리에이티브 디렉터의 기량과 생성형 인공지능(AI)의 힘을 결합하여 의류와 액세서리를 더 빨리 시장에 출시하고 더 효율적으로 판매하며 고객 경험을 개선하는 데 도움이 될 수 있다. 비디오 캠페인을 위한 디자인 및 사실적인 가상 모델에 이르기까지 새로운 형태의 미디어와 제품 혁신, 마케팅, 영업 및 고객 경험 내에서 이 기술은 중요한 결과 및 패션 가치사슬의 업그레이드를 가져올 수 있다. 크리에이티브에게 특정 작업을 훨씬 더 빠르게 수행할 수 있는 기술 보완 도구를 제공하여 인간만이 할 수 있는 창의적인 일에 전념할 시간을 보장 가능하므로 전반적인 프로세스의 증강과 가속화라고 할 수 있다. 고객에게 더 나은 경험과 서비스를 제공할 수 있는 시스템을 만드는 것이다. 마케팅에서 소비자의 추세를 식별하고 예측하는 비정형 데이터를 수집하고, 행동 모델을 세분화하여 타깃팅을 맞춤화하는 것을 구체화하는 데 활용해 개선할 수 있다. 그리고 개별화된 소비자의 프로필과 커뮤니티 인사이트의 구조화되지 않은 데이터를 기반으로 개인화된 콘텐츠를 추출하여 맞춤형 서비스를 제공한다.

이러한 취향은 개별 소비자 프로필을 기반으로 온라인 소비자에게 경험의 여정을 제안한다. 가상제품의 시착 및 데모를 개별 소비자에게 맞춤화하는 구독 서비스를 제공 가능하다. 지능형 AI를 개선하여 다국어 서비스를 바로 지원하여 불편을 처리할 수 있다. 다양한 매개변수(예: 유동인구, 지역 소비자 대상, 크기)에서 레이아웃 계획을 생성하고 테스트하여 매장 레이아웃 계획을 최적화하며, 매장 내 인력을 최적화하는 시뮬레이션을 도출할 수 있다.

비디오 데이터의 실시간 모니터링을 통해 AR 지원 장치를 적용하여 직원에게 제품(예: 상태, 구색, 재고, 권장 사항)에 대해 실시간으로 더 잘 알릴 수 있다. 조직 및 지원 기능, 영업 사원이 실시간

추천, 피드백 보고서 및 고부가가치 소비자 프로필을 통해 성공적인 고객 관계를 유지하도록 코칭 역할과 성과에 따라 직원을 위한 개별화된 셀프 서비스를 활성화하고, 지원 작업(예: HR 티켓, 대용량 문서 회계, 법률 문서 검토)을 자동화하여 고객에게 더욱 개인적인 맞춤 서비스를 할 수 있게 도와준다.

3) 럭셔리 비즈니스에서의 소비자 경험 및 여정

소비자에게 다각적이고 공감각적인 옵션을 빠르고 다양하게 지원하고 제공하는 데에 다른 테크 매체와 더불어 사용될 수 있다. 모바일 앱을 사용하여 오프라인 매장에서의 경험을 가능케 한다. 소비자의 개인적인 취향과 요구에 맞는 적절한 대응을 통해 VIP 접근권 등을 제공하여 더욱 스페셜한 서비스가 가능하다. 구매한 이력과 개인화된 취향에 대한 분석을 통한 다양한 옵션의 스타일링 제안을 연계한 서비스의 제공이 가능하다. 고객관리 측면에서는 취향의 그룹문화를 분석한 라이프 스타일로의 전이와 연계한 아트와 특별하고 프라이빗한 서비스에 대한 접근권 등을 제공할 수 있다.

또 생성형 AI 기반 채팅을 통하여 SNS를 중심으로 소통하는 세대에게 즉각적으로 응답할 수 있다. 글로벌 마켓에서 다양한 언어로 복잡한 문의에 관하여 개인화된 즉각적 응답이 가능하다는 것은 큰 장점이다. 브랜드의 공식 플랫폼 이메일, 채팅, 문자에 생성형 AI 담당자를 할당하여 대기 없이 응답하여 서비스의 질을 상승시킬 수 있다. 그리고 럭셔리 브랜드에서 브랜드 매니저에게 스페셜한 코칭 역할과 제품의 디테일한 설명 등 다양한 정보를 제공할 수 있는 어시스턴트 역할을 동시에 지원하여 특정 고객에 대한 커뮤니케이션에 대하여 개인화 서비스하여 온라인 실시간 상호작용의 백업 서비스를 지원할 수 있다.

커스터마이징 서비스는 브랜드의 철학을 반영한 대표적인 상품을 선정하여 웹사이트와 모바일 앱을 통하여 원하는 디자인과 색상, 재질을 선택하여 자신만의 DIY제품을 만들어 소유하는 개인화 된 서비스의 한 종류이다. 구찌가 선두로 클래식한 아이템에 개인의 이름, 이니셜과 문구를 새길 수 있는 서비스를 진행하였다.

루이비통과 디올, 지방시 등을 소유한 LVMH는 패션쇼와 디자이너의 백스테이지 방문 등의 특별한 경험을 제공한다. 전용 컨시어지 서비스와 스타일리스트 서비스에 활용할 수 있다. 호텔 카페로얄은 런던의 레전드 스트리트에 위치한 고급 호텔로, 2017년부터 매치스패션 플랫폼과 협력하여 객실 내에서 이브닝 드레스와 비즈니스 의상, 스타일리스트와의 상담을 진행하는 프라이빗한 개인화된 서비스를 진행하고 있다.

이러한 서비스는 고객들에게 만족감을 가져와 브랜드에 대한 이해의 폭을 넓힐 수 있다. 다양한 상황과 맥락에 맞게 맞춤형 서비스를 제공하는 것이 중심이며, 이를 위해서는 인공지능, 데이터, 기술 등을 활용하여 고객의 취향과 요구를 정확하게 파악하고 예측하는 능력이 필요하다.

맥켄지 앤 컴패니는 고객관리 분야에서 초개인화 케어라는 개념을 제시했다. 디지털 트랜스포메이션을 이행하는 대전제하에 고객의 성향과 감정을 파악하여 반영하는 고객 경험의 미래, 고객의 관점에서 중요도에 포커싱하는 전체 채널 접근법의 재정의, 데이터와 기술을 활용하여 고객의 이해와 예측을 통한 케어를 진행하는 기술과 혁신을 의미한다. 이러한 모든 정의는 고객 경험의 여정을 고객의 눈높이에서 편의와 경험의 폭을 기술을 통해 확장하려는 노력의 일환이라 할 수 있다. 급변하는 환경에 지속적으로 진화를 거듭하는 것이라 볼 수 있다.

4) 생성형 AI를 럭셔리 비즈니스에 다양하게 적용한 모델과 사례

생성형 AI가 디지털트랜스포메이션과 연동하여 비즈니스 전반의 프로세스와 다양한 영역에 걸쳐서 확장 적용되고 있는 추세이다. 새롭게 적용되는 테크니컬한 기술과의 접점을 통해 진행 중인 사례의 예시안을 융합하여 변형적인 반영점으로 적절히 응용하여 사용할 수 있다. 미디어와 엔터테인먼트 영화나 게임에서 특수 효과나 배경을 만들거나, 음악이나 미술에서 새로운 작품을 만들거나, 소셜 미디어에서 필터나 스티커를 만들거나, 스트리밍 서비스에서 고객의 취향에 맞는 추천이 가능하다. 이러한 테크닉을 고객 경험의 여정에 접목하여 다양하고 한층 더 확장한 만족을 전달할 수 있을 것이다.

예컨대, 구찌는 최근 인공지능을 활용하여 새로운 스니커즈 디자인을 개발했다. BMW는 새로운 혁신적인 디자인을 만들 수 있는 맞춤형 솔루션을 개발하였다. 이 프로젝트가 바로 '비전 넥스트 100'과 자율주행 인공지능 시스템 'Alive Geometry'이다. 이러한 시도를 통해 소비자들이 디자이너의 창조적 영감과 원천에 공감하는 감정적인 경험을 유대하려고 한다. 다양한 휠의 디자인과 차체 내부의 시트와 구성의 조합을 제공한다. 또 아크네 스튜디오는 인공지능을 이용해 아카이브를 분석하여 수천 개의 작품을 품평하고 최종 컬렉션 디자인에 반영하는 작업을 진행하였다.

마찬가지로 아마존은 선두적인 플랫폼으로 고객의 검색기록, 구매기록, 장바구니 내용, 위시리스트의 데이터를 분석하여 각 소비자에게 맞춤형 상품을 추천하고 할인쿠폰과 리뷰 요청 등의 메시지를 알렉사를 통해 진행한다. 이러한 서비스는 고객의 음성, 톤, 감정, 성격 등을 파악하여 초개인화된 서비스를 제공한다.

이러한 생성형 인공지능을 사용하면 럭셔리 비즈니스 전반에 프로세스를 줄일 수 있다. 다채로운 옵션을 쉽고 빠르게 제공함으로써 창의적인 영감에 집중할 수 있는 시간적인 안배를 통한 결과물로의 발전을 누릴 수 있다. 그리고 이러한 발전된 디지털 트랜스포메이션으로 전환한 프로세스를 통해 럭셔리 고객을 커스터마이징에 참여시키며, 교감을 통한 경험적인 유대를 누릴 수 있다. 그리고 이처럼 확장된 고객경험을 통해 브랜드의 철학에 대한 이해와 고객의 만족도는 증대될 수 있다.

Chapter.3

럭셔리 소비 주체로서 Z세대 Next Generation에 대한 이해

9. 새로운 럭셔리 소비의 주체, Z세대 : 그들만의 세상

1) 새로운 라이프 스타일 세대의 대두

럭셔리 비즈니스의 미래에 대한 방향성을 설정하기 위해서는 그 비즈니스의 코어 소비 주체에 대한 분석이 최우선 사항이라고 할 수 있다. 이에 따라 팬데믹 이후 더욱 부각되는 소비주체인 Z-Generation에 대해 알아보고자 한다.

Z세대는 인터넷과 접속이 가장 원활한 세대이다. 디지털 언어와 장비를 자유자재로 다루고 멀티플하게 접속해 디지털 네이티브로 인식되고 있다. 디지털 환경은 생활에 깊숙이 스며들어 일상의 기본적인 소통 수단의 기능과 함께 라이프 스타일의 확장을 위한 다양한 사교와 소통의 수단으로 활용되고 있다. 국경의 장벽이 없는 특성을 자연스레 체득하여 다양한 문화와 인종

적 배경에 대해 편견 없이 접근한다. 인터넷과 다양한 소셜미디어를 통해 일차적으로 상호 의사소통을 위한 커뮤니케이션, 개인을 둘러싼 환경과의 협업을 위한 방편, 가치관과 시대정신의 공유, 즐기는 문화와 취미활동에 대해 비슷한 마인드와 관심사를 지닌 그룹문화를 쉽게 연결하고 결성한다. 항상 새로운 세대는 그 전 세대와 차별화를 지니지만, 경제적 상황과 팬데믹, 5G의 환경으로 유독 Z세대는 다른 세대와 확연히 차별화되는 에너지를 가지고 있다. 새롭고 뚜렷하게 부각되어 영향을 확장하는 Z세대에 관하여 럭셔리 비즈니스와 일반 기업에서 크게 주목하고, 차별화하는 새로운 세대로 분석하여 접근하고 있다.

이들의 큰 특이점은 정보의 수용자이자 발신자이며, 제공자, 전파자의 역할을 동시에 수행한다는 것이다. 디지털 환경에서 자신의 의사를 적극적으로 어필하고 블로그와 커뮤니티, 어플리케이션을 통해서 진실성 있는 후기와 경험을 나누고자 한다. 직접 체험하고 확산을 할 수 있는 것을 중요하게 생각하고, 그들의 공간과 문화를 중요시하는 경향을 띠고 있다. 여러 개의 중첩된 플랫폼이나 기기를 동시에 사용하는 멀티태스킹에 능한 세대이고 긴 텍스트보다 감각적이고 시각적이며 즉각적인 정보에 민감한 반응을 보인다. 이러한 특성이 비즈니스에 새로운 영역으로 발전되고 있는 유연하고 능동적, 적극적인 세대이다.

세대에 대한 관심은 역사적으로 항상 존재해 왔다. 비즈니스에서 Z세대가 뚜렷한 차별된 관점을 가지고 사회적으로 부각되는 소비형태로 부상을 하게 되면서, 기업과 사회가 Z세대의 특성에 대한 분석을 심도 있게 진행하고 있다. 다음의 그래프를 참조하면, Z세대가 가장 관심 있고 돈을 쓰는 부분이 패션과 음식이라는 것을 알 수 있다. 그리고 이러한 중요성에 착안하여 저자는 직접 홍익대학교와 동 대학원, 세종대학교 등의 강연을 통해 Z세대를 직접 만나서 그들과 교류하며 분석과 연구를 진행하였다.

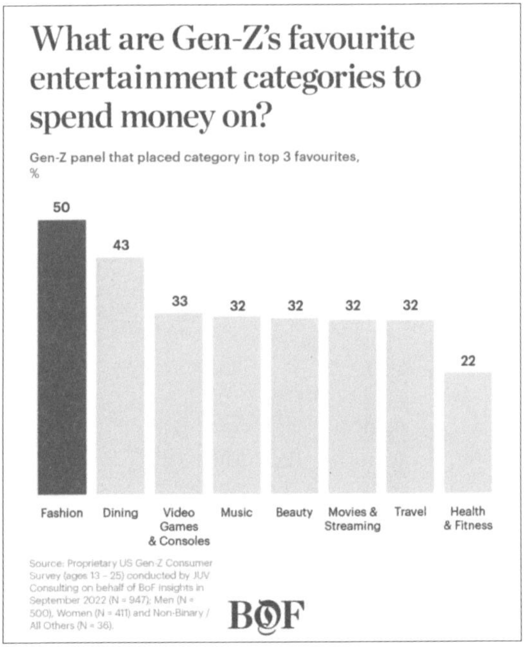

Z세대가 관심 있고 흥미를 위해 지출을 하는 순위
(비즈니스 오브 패션)

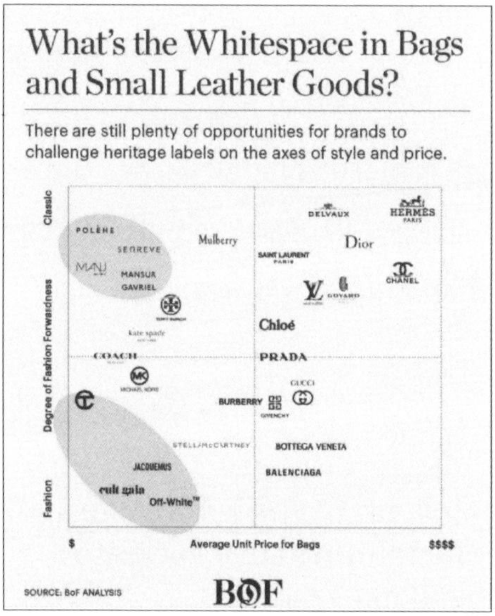

럭셔리 패션 브랜드들의 가격대와 포지셔닝 분석 표
(비즈니스 오브 패션 분포의 분석을 통해서 비어 있는 부분에 대해서 알 수 있다.)

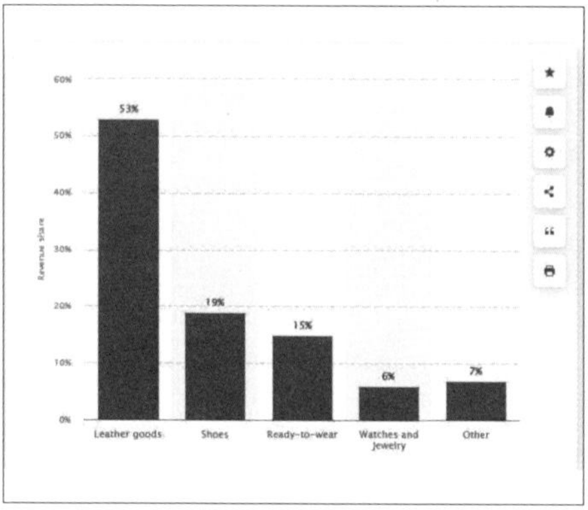

패션 브랜드에서 카테고리별 아이템의 매출 비중(2021년)
(투그바 사바노글루, 2022.2)

2) 럭셔리 브랜딩 인식의 주체와 특성적 관점

Z-Generation(iGen)은 1990년 초중반에서 2000년대 초반까지 출생한 세대이다. 호황을 경험한 적이 없어서 밀레니얼 세대보다 더욱 조숙하고 실용적인 경제관을 지니며 안정성을 추구하는 경향이 있다. 이 세대에 대한 중요성에 대한 대두는 진정한 디지털 네이티브 세대이기 때문이며, 이는 디지털 인프라의 확장으로 인한 결과라고 볼 수 있다. 이러한 기반을 바탕으로 구심점, 결속력을 가지고 비즈니스 생태계에 영향을 끼치고 있다. Z세대는 개인의 자유시간을 중요시하고 자기 관리 및 웰빙을 우선 가치로 하는 세대이다. 그리고 이들은 개인의 삶뿐만 아니라 연대의 삶도 중요하게 생각한다. 다양한 가치를 존중하고 비즈니스 감각이 열려있으며 거시적인 문제를 자신의 일처럼 예민하게 받아들이는 경향이 있다. 소비에 대한 이들의 선호도를 분석한 결과 패션과 음식, 게임, 음악을 아우르는 엔터테인먼트에 큰 비중을 두고 있다.

팬데믹을 거치면서 재택에 대한 투자와 여가 감각을 더욱 중요시하게 되었고 유행의 흐름을 의식 없이 추종하는 것이 아닌, 개인화된 취향에 따라 선택된 것을 중요시하는 트렌드가 주요 관심사로 떠올랐다. 개인의 만족과 내면을 중요시하기에 여가 생활, 일과 여가의 밸런스, 개인의 취미 생활을 중요하게 여기는 세대이다.

"단 한 번뿐인 인생을 산다."라는 욜로족의 등장은 이러한 트렌드의 단면을 잘 반영한다. 새로운 언어를 배우거나 유럽이나 아프리카를 여행하는 등 자신의 경험과 가치를 높이는 일에 적극적으로 투자를 한다. 삶의 유한함에 대한 철학적이고 비판적인 접근을 하며, 행복을 추구하고 SNS에 기반한 트렌드에 민감한 반응을 보여 그룹에서 소외되는 것에 대한 두려움을 가지고 있다. 그리고 비슷한 또래의 연대가 이용하는 것을 구매하는 성향을 가지고 있다. SNS를 활용하여 사람이 붐비는 공간에서 사진을 찍어 인증하는 것을 즐기고 플렉스(Flex) 하는 취미를 가지고 있다. 플렉스는 구매한 명품 제품들을 SNS에 게시하면서 '부유함'을 과시한다는 의미로 '플렉스(Flex)'라는 해시태그를 다는 것으로 이러한 제품을 실제 사용한다는 것을 자랑하며, 성공을 과시하는 행위를 의미한다.

Z세대는 유행에 민감하고 취향과 정체성을 SNS에 과시하며 소통하고 반응을 교환하려는 노력을 끊임없이 진행한다. Z세대는 유튜브나 인스타그램 등의 SNS를 통해 명품에 대한 정보를 쉽게 접하고, 셀럽이나 유명인사들이 착용하는 명품을 보고 모방하려는 경향이 있다. 시각적인 과시를 위해 럭셔리 브랜드의 오리지널리티를 표현하는 로고플레이를 많이 즐긴다. 과감하고 아트적인 로고플레이에 대한 반향으로 발렌시아가, 구찌, 디올, 루이비통 같은 명품 브랜드의 로고플레이를 맞춤으로 착용하여 즐기기도 한다. 그리고 마르틴 마르지엘라와 아미, 톰브라운 같은 간결한 상징의 신 명품 브랜드들이 Z세대의 넥스트 버전의

인기브랜드로 주목을 받기도 한다.

3) '그사세', 그들이 사는 세상 코드 문화

이들은 자아의 꿈과 가치를 실현하기 위해 직장을 그만두고 의지를 따르는 것에도 주저함이 없다. 이러한 경향은 가치 중심으로 전향되어 럭셔리 비즈니스 브랜드를 소비할 때도 브랜드의 철학과 히스토리, 가치 근본에 대한 탐구들을 공유하는 문화를 향유하는 것으로 나타난다. 이러한 공감과 이해, 소통을 통하여 자아 만족을 위한 투자와 사회적 경제의 활성화, 경험적 가치의 제고를 통해 일차적으로 제품을 소비하고 의견과 정보를 나누는 태도를 보인다. 명품 코스메틱 브랜드 르메르의 해양보호 활동, 스페인 럭셔리 브랜드 로에베의 지속 가능한 패션 지향, 스텔라 매카트니 등 지속적이고 사회적인 연대의 가치가 있는 브랜드 스토리가 호응으로 연결되고 있다.

팬데믹을 거치며 재택에서 고립되는 상황에 대해 적응하여 인터넷과 SNS의 활용이 더욱 급진전 되었다. 이러한 상황에 재택에서 즐기는 즐거움에 대한 라이프 스타일에 대한 고민과 해결이 새로운 반향으로 나타났다. 그들의 삶의 공유나 일상의 변화가 디지털 매체의 접속을 통해 원활히 이루어지는 심화, 발전을 가져왔다. 다양한 페르소나를 가지고 가치관의 다양성을 인정하고, 로컬주의에 대한 안착을 중요시하는 다양한 삶을 추구하는 세대라 할 수 있다.

이러한 Z세대는 산업 비즈니스 전반의 새로운 구심점으로 부상하고 럭셔리 비즈니스 소비의 또 다른 주체로 떠오르고 있다. 그리고 그들만의 큐레이션된 취향적 특징을 나타내고 있다. 고정된 개념과 콘셉트에 대한 경계를 허물고 새로운 차원의 욕구를 직설적이고 빠르게 표현하는 세대라 할 수 있다.

이러한 세대의 출현과 함께 럭셔리 비즈니스 브랜드의 주체는 인공지능과 빅데이터를 기반으로 구독경제와 초격차 소비자 테이스트를 기반으로 프로파일을 분석하여 접근하고 있다. 이러한 초개인화 서비스를 통해 Z세대에 관한 능동적인 취향과 행동을 분석하여 비즈니스의 새로운 영역의 콘셉트로 반영하고자 적극적으로 노력한다. 물론 소비자와 세대에 대해 연구할 때 그 정체성을 기술로만 분석하는 것은 경계하여야 한다. 이러한 접근은 항상 다양한 환경적 분석과 같이 연구되어야 한다.

Z세대는 자신이 구매한 명품 제품들을 유튜브나 인스타그램 등의 SNS에 올리고, 그 제품들에 대한 품평과 사용 후기를 공유하는 콘텐츠를 생성하여 즐긴다. 이를 '하울(haul)'이라고 한다. 하울 콘텐츠는 정보와 영감을 전달하고 취향과 성격을 드러내는 것으로 활용된다.

그들은 명품 제품들을 구매한 후에, 그 제품들의 가치가 오르면 다시 판매하는 것을 통해 수익을 창조한다. 이를 '리셀(resell)'이라고 정의하는데, 명품의 희소성과 수요를 이용하여 수익을 창출하려는 투자 개념으로 볼 수 있다.

새롭고 강력하게 등장한 Z세대에 대한 연구를 통해 럭셔리 명품 비즈니스 기업은 고객 성향의 다원화와 상황에 맞는 유연한 커뮤니케이션으로 대응하고자 한다. 섬세하고 디테일한 차이로 인해 럭셔리 비즈니스도 세분화된 서비스와 상품구성, 시의적절한 마케팅을 취하고자 이러한 분석을 적극적으로 진행한다. 이러한 새로운 세대에 대한 분석을 통해 영감과 감각자극을 깨워 소비자에게 브랜드에 대한 효과적인 메시지와 철학적 접근을 하여 새롭고 젊은 모습을 지속 가능한 명품의 가치에 녹여보고자 하는 노력의 일환이다.

Chapter.4

럭셔리 헤리티지,
그 본질에의 탐구와 여정

10. 럭셔리 브랜드의 근본가치에 대한 재고

첨단정보가 시시각각으로 업데이트되는 현대사회에서 이와는 대조적으로 흔들리지 않는 가치와 철학, 그리고 그 형상이 반영된 제품에 대한 추구는 당연한 것이라 할 수 있다. 과학적 기술의 진보가 눈부시게 발전하는 것과 발맞추어 변하지 않는 감정과 아날로그적이고 본질적인 것들에 대한 흠모와 향수는 더해 가는 추세이다. 이러한 맥락으로 헤리티지를 함유한 럭셔리에 대한 관심은 시대를 초월한 것으로 귀결된다.

새로운 매체의 출현은 새로운 소비계층의 확대로 연결되었다. 소비계층의 확산은 럭셔리 비즈니스의 소비량 폭증과 비례하는 결과를 가져왔고, 당연히 럭셔리에 관한 관심이 증폭되는 현상으로 이어졌다. 업종이 다른 비즈니스 영역 간의 결합으로 인한 콜라보레이션의 확대와 테크 인프라, 기술의 발달로 인한 소통의 결과는 과시적인 플렉스적 소통을 실시간화, 라이브화 하고 있다. 언제, 어디서나 핸드폰을 이용하여 현재진행형으로 중계 중이고, 매체를 활용해서 비즈니스 중이다. 우리는 즉각적으로 언제 어디서나 정보의 교환이 가능해짐에 따라 럭셔리를 주변에서 더욱 흔하게 접하게 되었다. 예전처럼 오프라인 스토어에서만 구매할 수 있는 방식이 아니라 현재에는 세계 매장의 어느 물품이나 럭셔리 비즈니스 브랜드에 관해 핸드폰으로 바로 주문하고 정보를 검색할 수 있는 세상이다.

바로 얼마 전까지만 해도 특정 국가, 특정 브랜드의 익스클루시브(Exclusive) 제품은 해당 국가의 특정 장소를 방문해야만 구매할 수 있는 품목이었다. 하지만 현재는 온·오프라인의 경계가 사라지고 있는 추세이고, 배송이 글로벌화함에 따라 럭셔리에 접근성이 높아지고 있다. 희소성이 있는 상품에 관하여 관심도 역시 증가하고 있는 시점이다. 시장의 확대와 더불어 정보, 접근성의 확대 등 관심이 증폭되고 있는 이 시점에 럭셔리에 관한 재정의가 필요하다. 즉, 시대정신에 입각한 정의가 필요할 순간이다.

럭셔리에서 시대정신이란 시대의 가치관과 환경적인 흐름에 따라 바뀌지 않는 럭셔리 비즈니스 브랜드의 정체성을 의미하며, 그 정체성에 탄력적으로 융합된 럭셔리 브랜드만의 가치의 차별성에 대한 인식을 의미한다. 주변 환경에서 볼 때 럭셔리에 대한 제품의 소비는 증가하지만, 그 가치와 의미에 대한 인식과 연구는 미비한 측면이 있다.

럭셔리를 구성하고 특정하는 정체성에는 각 럭셔리 브랜드의 핵심 가치관과 더불어 헤리티지를 포괄하는 철학적인 메시지와 스토리가 내재되어 있다. 헤리티지는 시간의 축적이 필수적이다. 시간의 힘 안에는 많은 스토리가 내재되어 있기 때문에 각 럭셔리 비즈니스 브랜드만의 오리진, 기원을 표기하는 경우가 많다. 각 럭셔리 브랜드가 가지는 철학적 가치를 시간의 축적된 흐름 안에서 스토리화하여 전달하려는 다각적인 노력이 타 럭셔리와 차별화하는 정체성으로 표현될 수 있다. 각 럭셔리 브랜드가 정체성을 구현하여 소비자에게 전달하고자 할 때, 그 브랜드만의 역사적인 순간과 상징을 다각적인 매체로 스토리화하여 반영할 수 있다. 발전된 기술적 인프라와 인터페이스를 활용하여 콘텐츠를 공감각적으로 전환시킬 수 있다. 오프라인에서의 실물을 활용한 공간화를 통한 전시와 함께할 수도 있고, 혹은 SNS를 활용한 메시지화, 기술 매체를 활용하여 온 오프라인 매장에서 최종 제품이 소비자에게 확장된 경험으로 전달될 수 있다.

이러한 물질에서 출발해 경험, 소비에로의 치환되는 과정은 소비자에게 차별화된 브랜드 정체성에 대한 각인을 더욱 확실하게 할 수 있다. 그 순간 소비자는 그 브랜드가 전달하고자 하는 정체성에 대하여 럭셔리 접점의 문화적인 체험소비를 경험할 수 있다. 럭셔리가 보유한 헤리티지의 역사적인 가치와 철학이 생명력과 함께 디테일로 체화되는 중요한 순간인 것이다.

과거에 소비자는 럭셔리 브랜드에 대한 경험 여정 중 일차원적이고 평면적인 방식인 오프라인 매장에서 제품만을 바로 구매하여 전달받는 접근방식만을 취해 왔다. 그러나 최근에는 그 과정에서 좀 더 감각적이고 구체적인 여러 정보와 가치 경험을 전달받는 방식을 택하여 럭셔리 브랜드에 대해 흥미와 재미를 가지고 즐기는 태도로 상호작용을 하고자 한다. 소비자의 구매 태도가 전에는 수동적인 입장으로 받기만 하는 것이었다면, 현대의 럭셔리 소비자는 더욱 적극적으로 요구하고 소비하고자 하는 열정을 표현하는 방식으로 바뀌었다.

이처럼 럭셔리 브랜드와 소비자 간 양방향 상호작용의 교류방식을 통해 더욱 원활한 이해와 만족을 경험할 수 있다. 이러한 교류방식의 제안은 브랜드의 근본 가치를 더욱 잘 이해할 수 있게 도와준다. 일차적인 퀄리티에 대한 만족감과 함께 부가적인 경험과 정보를 습득한 소비자는 럭셔리에 대해 흥미를 느끼고 몰입하게 되어 브랜드 경험자 본인이 럭셔리 브랜드에 열정과 공감을 가진, 자연 전파가 가능한 정보 발신자로 유도되게 된다.

접점이 발생하는 순간 태도와 취향이 중요해지는 시점이며 열정과 공감을 가진 그룹문화로 발전할 수 있다. 그러므로 럭셔리 비즈니스에서 소비자와 브랜드 간 상호작용의 맥락과 가치에 관한 진정성에 대한 의미 인식이 중요한 요소로 적용이 되고 있다.

럭셔리에서 진정성의 가치는 럭셔리 브랜드와 소비자 간 상호 교류와 인식의 지점에서 이에 대한 이해를 위한 모든 정보와 노력으로 나타나게 된다. 헤리티지와 가치에 대한 이해, 헤리티지를 구현하기 위한 소재의 수급과 관련한 스토리에 대한 이해, 소재와 제조에 관련한 투명 윤리성, 그러한 것들을 구성하고 만드는 작업의 장소와 관련한 일화에 대한 것들 사람과 사람 간 관계에 대한 철학 등을 모두 망라한 스토리들이라고 할 수 있다. 전체를 한꺼번에 전시하여 보여주기보다, 정보전달의 효율성을 고려하는 방식을 취하는 것이 좋다. 즉, 전체 럭셔리 브랜드의 철학적 기조와 함께 세부적으로 제안하고자 하는 부분 메시지에 관해 집중하여 커뮤니케이션하는 방식을 취하도록 한다.

럭셔리의 진정성을 이루는 근본은 헤리티지이다. 그러나 그것을 효율적으로 소비자에게 전달하기 위하여 구현하는 비즈니스 브랜드만의 철학과 관점의 메시지들은 다각화되기 때문에 이러한 지점을 소비하는 선에서 소비자의 취향이 발현되게 된다. 그리고 이러한 정보와 가치에 대해 인식을 하고 소비를 하는지가 가치 소비와 연결되는 부분이다.

11. 럭셔리 브랜드의 소비환경 변화에 따른 트렌드 밸런스

럭셔리를 이루는 근본 속성은 시대적 적층을 반영한다. 그러므로 각 럭셔리 브랜드의 성격에 맞추어 근본 정체성과 트렌드의 구성비를 적절하게 구성하여 표현하는 것이 중요하다. 그리고 럭셔리는 시대를 거치면서 대를 이어오기 때문에 큰 철학적 정신 안에서 관련 인원들이 바뀌게 된다. 럭셔리가 지속해 나가는 역사적인 중간단계마다 전략적인 방향성을 좌우하는 리더들의 결정에 따라서 럭셔리 브랜드의 중심축이 움직이게 된다. 트렌드에 지나치게 편승할 경우에는 럭셔리 비즈니스 브랜드의 정체성이 흐려질 수도 있고, 이에 따라서 핵심고객이 혼란을 느낄 수도 있다.

반면 변화를 받아들이지 않고 너무 전통적인 것에만 치중하는 모습만을 보여 줄 경우 시대착오적 비즈니스로 인해 낙오될 수 있다. 그래서 럭셔리에서 라이프 스타일을 반영한 트렌드와 그 브랜드 정체성의 비중을 잘 분배한 균형은 아주 중요한 부분이다.

아울러 럭셔리는 역사적인 적층성 안에서 가치를 표현하기 때문에 필연적으로 사회상을 반영한다. 세부 구성원이 이에 대한 인식을 구체적으로 하고 있든, 혹은 무의식적으로 하든 간에 이러한 베이스를 가지고 있다. 전체를 망라하는 리더는 이러한 철학적 메시지를 강력하게 인식하고 전파하여야 한다. 그러므로 럭셔리를 이루는 요소에 정체성과 같이 트렌드를 이루는 사회상은 항상 일부분을 차지하고 있다고 보아야 한다. 따라서 럭셔리의 근본 속성과 철학을 항상 견지하면서 구성 밸런스가 지나치게 편향되지는 않았는지 점검해 보아야 한다.

럭셔리는 시간의 힘을 내포하고 있기에 가치를 지닌다. 이러한 헤리티지적인 근본과 함께 사회 문화적인 변화의 동향을 얼마나 럭셔리의 그릇에 맞게 표현해 제품화되었는지가 중요하다. 소비자가 럭셔리 브랜드에 대한 경험적인 소비 여정을 마치고 나면 결국 제품으로 오롯이 소비자에게 전달되어 가치를 드러내며 사용되기 때문이다. 따라서 사용 후의 피드백과 사후 제품에 대한 관리, 업데이트 일체가 모두 럭셔리에 포함된다.

럭셔리는 일회성으로 끝나는 경험이 아니다. 브랜드의 철학적 가치와 함께 개인적인 스토리를 담아서 전달하는 매개체로서 럭셔리의 가치는 전환된다. 이처럼 대를 이어서 전수되고 연결되는 모든 맥락 또한 시간과 역사의 흐름으로 인식되기에 장인정신과 함께 럭셔리를 이루는 요소라고 할 수 있다.

한편 럭셔리를 나타내는 특별한 특성의 중심에 희소성이 자리잡고 있다. 럭셔리 제품의 발생이 왕실과 귀족의 소모품인 것을 감안한다면, 대부분 장인의 손을 거쳐서 오더메이드의 형태로 이루어진 것들이다. 특별한 개인을 더욱 특별하게 만들기 위해 장인들의 일류적이고 기술적인 노동력을 가미한 것의 결정체이기에 희소성은 당연히 럭셔리의 근간이 된다. 온리 원이라는 개념과 익스클루시브, 한정판, 리미티드 에디션, 특별한 작가의 시그니처와 번호를 부착하는 일련의 방식 등이 이러한 목적의 연장선상에 있는 행위들이다. 현대에는 콜라보레이션을 진행하는 데에도 개인 소비자의 로고나 이니셜을 넣어주는 서비스를 병행하는 경우가 있고, 스타의 상징이나 시그니처 등 부가가치 더해 한정판매를 하기도 한다.

한정판을 제외한, 헤리티지적으로 브랜드를 대표하는 제품라인들의 경우, 즉 브랜드의 정체성을 표현하는 로고 패턴이나 상징 패턴을 적용한 제품의 경우에는 판매 수량에 대한 조절을 하기도 한다. 이러한 판매 수량 또한 럭셔리의 희소성을 유지하기 위한 방법 중 하나이다.

소비자 과다구매로 인한 과다한 외부 노출은 매출로는 귀결이 된다. 그러나 해당 럭셔리 브랜드의 희소성을 떨어뜨리는 결과를 가져오게 된다. 그러면 그 브랜드는 자연스럽게 매스티지화, 즉 볼륨 브랜드로 이미지가 전이되는 결과를 가져온다. 자연스럽게 형성된 마켓에서 럭셔리를 선호하는 핵심 소비자와 브랜드 간의 괴리감이 발생하게 되는 결과를 가져올 수도 있다. 당연히 볼륨 쪽으로 확장된 소비자층으로 소비자는 확대가 되겠지만, 럭셔리 브랜드가 지향하는 것인지를 고려해야 하는 지점이다. 그러므로 매스티지화된 브랜드는 럭셔리의 근본 가치와 유리된다. 때문에 럭셔리 비즈니스 브랜드에서는 제품의 판매 수량을 철저하게 관리한다. 브랜드의 가치와 부합이 되지 않을 경우에는 많은 판매를 유도하기보다 재고제품을 소각을 하는 경우도 있다. 이러한 사례들이 럭셔리의 가치를 고수하기 위한 방법이라 할 수 있다.

12. 진정성과 오리진

팬데믹이라는 급진적인 위기를 겪으면서 라이프 스타일 자체가 큰 변혁을 겪게 되었다. 어려운 고비를 넘기면서 어느 때보다 진정성에 대한, 근본 가치에 대한 탐구와 간구는 절실해지고 있다.

럭셔리 비즈니스의 진정성은 제품의 오리지널리티와 연동되기에 아주 중요한 의미를 지닌다. 고가의 럭셔리 제품을 구매하였을 때, 이 제품이 오리지널인지 아니면 위조되어 만들어진 것인지는 중요한 이슈이다. 오리지널을 구매한 소비자는 그들의 품위를 순수하게 유지할 수 있는 여러 가지 방법을 요구할 것이다. 그리고 럭셔리 비즈니스 주체는 그것을 증빙해야 하는 윤리적인 의무가 있다. 과학의 발달은 새로운 세대와 밀접한 관계를 지니며, 이들 세대에게 혁신적 기술을 제공한다. 그리고 새로운 세대는 이 기술을 편하게 소비한다. 럭셔리에서 새로운 기술을 접목하여 제품의 오리진과 프로세스를 검색할 수 있는 중요한 정보를 탑재하여 위조품을 방지할 수 있다. 진정성 있는 정신적인 가치와 함께, 실제로 모든 프로세스를 투명하게 관리하고 증명할 수 있는 것이 새로운 기술의 힘으로 표현하는 진정성 있는 오리지널이라고 할 수 있다. 진정한 정신적인 가치를 누가, 어디서, 어떻게, 윤리적으로 투명하게 개발하고, 과정을 거치고, 판매를 하고, 인계되었는지의 모든 과정들이 윤리성의 바탕 아래 증빙될 수 있다. 이러한 부분은 명품에서 진정성을 더욱 확실하게 반영한다.

Z세대는 SNS로 소통하고 럭셔리에 관심이 많으며, 소비를 많이 하는 세대이다. 최종 구매 전에 사전에 앱으로 서치를 통해서 정보를 검색하고 의견을 공유한다. 이러한 정보교류를 통해 그룹문화를 형성하고 이 공간에서 친목을 도모한다. 어떠한 것이 더 가치가 있는지에 관하여 활발하게 의견을 개진하기 때문에 적극적으로 의견을 전달하는 중요한 주체가 되기도 한다. 이러한 배경으로 가치소비에 대하여 진중한 접근을 고려하는 문화가 대세로 대두하고 있다. 즉 오리지널과 희소성에 대해 추구하고 공부하며 구매하는 방향성이 나타나고 있다. 이 세대가 가장 새로운 기술을 친숙하게 소비하고 관심을 가지고 의견을 활발하게 교류를 하는 세대이기 때문에 이러한 신기술을 이용해 위조품의

진위 여부를 가리는 것은 럭셔리에서 아주 중요하다. 원산지, 어디에서 누가 생산을 했는지, 어디에서, 어떻게 거래가 되었는지까지 투명하게 확인할 수 있기 때문에 Z세대에게는 큰 장점으로 작용한다. 향후 뒤이을 알파 세대를 고려하더라도 이러한 사회 환경적인 변화를 수용하는 소비자의 트렌드를 럭셔리에 적절히 수용하여야 할 것이다.

그 외에도 오리진을 확인할 수 있는 최신의 기술로는 RFID 태그, 나노 소재, 블록체인 등이 있다.

RFID태그는 제품에 작은 칩을 내장하여 출처와 이동경로를 확인하는 데 사용 가능하며, 현재 대다수 활용되는 기술이다. 나노 소재는 보이지 않는 바코드나 로고를 인쇄하여 이를 식별하는 방식이다. 블록체인 기술은 거래 기록의 투명성과 신뢰성을 바탕으로 위조와 변조를 방지하는 가장 확실한 방법이다. 제품의 생산, 유통경로의 과정을 파악할 수 있기에 브랜드의 가치와 출처를 증명할 수 있다. 이러한 신뢰가 가능한 기술의 확보로 인하여 진정성 있는 상호관계 구축이 가능하다.

럭셔리의 의미와 가치를 돌아보면서 관심이 높아지는 시점에 그 위상에 대해 규명이 필요한 때이다. 사회적으로 통용하는 럭셔리의 정의에 대해 생각해 보고, 진정한 럭셔리의 의미에 대해 논하는 기회가 되었으면 한다. 가격이 높은 것을 의미하는지, 수량이 희소하고 디테일이 수공예적인 것인지, 과연 어떠한 정체성과 요소를 가진 것을 럭셔리라고 규정지을 수 있는 것인지, 혹은 외국에서 수입되어 프리미엄 명품관에서 운영되는 브랜드만을 럭셔리라고 할 수 있는 것인지 등을 말이다. 소득 수준의 향상과 더불어 상승되고 소비되는 럭셔리 라이프 스타일의 향유를 위하여, 그 철학과 근본 가치를 다시 한번 재고하여야 할 것이다.

Chapter.5

럭셔리 헤리티지의 근원 탐구

13. 신화와 럭셔리 브랜드의 연관성

1) 신화와 럭셔리의 교차점

모든 행위는 사고에서 기인한다. 문명의 발전상은 사고의 발현이라 정의할 수 있다. 팬데믹을 겪은 후 세계의 정신적 사고 경향이 산업 소비 중심 근간의 물질문명으로부터 관념과 철학, 정신적 윤리성을 중요하게 생각하는 움직임으로 이동 중이다. 보편적 사고의 접근을 위하여 이념적인 원형을 들여다보자면 신화에 대해 생각해 보아야 한다.

신화는 인류가 인지하고 있는 보편적 정서와 기억의 역할을 수행하고 있다. 원형적 측면으로는 무의식의 영역에 있는 인류 공통 정서에 각인이 되어 있다. 그리고 신화는 가시적인 세계의 표상이며 그 너머를 표현하고 지식을 전달하고자 하는 메타포의 역할을 수행한다. 인류 문명을 축적한 선험자가 그린 내면의 경험지도를 그다음 세대에 효과적으로 전달, 교육하는 방식으로 전승되어 온 것이 신화라 할 수 있다. 고대 문명과 역사적인 관점에서 전승되어 온 신화는 발달된 과학적 기술문명이 등장하기 전부터 관념적인 메시지를 상징과 예술적으로 표현하고, 스펙터클한 탐험의 여정을 스토리텔링으로 전달하여 왔다.

기억의 구조에는 개인화된 꿈, 그리고 집단이 같이 꾸는 꿈이 존재한다. 집단 무의식에 각인되어 전승되는 스토리들이 신화의 형태로 존재하기에 인종과 지리적 차이를 막론하고 확연한 공통점이 존재한다. 서양과 동양의 근본 신화는 세부 묘사는 상이한 바가 있으나, 핵심가치를 전달하는 방식이나 유사한 공통의 흔적을 연상시키는 집단기억이 많이 존재한다. 태초에 암흑, 카오스에서 시작이 되었다는 점, 존재와 에너지의 시작과 발현·분화, 하늘과 물을 창조의 중심으로 삼으며 대홍수의 환란을 겪는다는 점과 통찰의 탐색 여정 등을 들 수 있다. 일례로, 인류가 홍수로 절멸의 위기를 겪는다는 것은 수메르 신화, 유라시아 유목민족, 남미, 북미의 인디오 신화, 중국 운남성의 신화, 한민족의 신화 전반에 걸쳐 나타난다.

다양한 공통점들 중 세계의 모든 신화에 영웅인 주인공이 자신이 속한 세계를 떠나 더 깊고 넓은 이상 세계로의 진입을 통한 여정에서 인생관과 가치철학, 본인과 아버지 선조 세대를 뛰어넘는 유산, 즉 근본 주체성을 성취하여 귀환하는 스토리는 럭셔리에서 중요한 의미를 가진다. 태생과 신체적인 강점, 신분 계층에 대해 우월성을 가진 계층의 대표자인 주인공이 다양한 체험 과정을 통해 정신적인 철학으로 귀결되는 것이기 때문이다. 이러한 점은 현대의 가치관이 물질 숭상주의로부터 정신적인 철학으로 복귀해 서로의 균형을 맞추어 가려는 태도 와도 궤를 같이 한다.

문명의 태동기부터 오랜 유래를 지닌 수메르 지역을 위시해 이집트, 메소포타미아, 인더스 유역, 대서양, 태평양 연안, 지중해 등이 모두 지리학적으로 온화한 기후에 바탕해 인류 문화의 꽃을 피웠다.

현재 럭셔리 비즈니스의 중심으로 볼 수 있는 곳의 근원은 지중해 연안이다. 대서양과 지브롤터 해협을 끼고 스페인, 프랑스, 이탈리아 등이 지리상으로 위치하게 되는데, 이곳이 에게해의 섬들을 중심으로 고대 그리스 신화가 발원한 지역이다. 바다와 육지를 넘나들 수 있는 좋은 조건을 가지고 있어서 항해술이 발달하였고, 여행에 대한 영감과 다양한 수출입을 비롯한 교역의 통로로 이용되는 곳이기도 하다. 호메로스가 일찍이 언급한 '문명의 황금기'에서 중심이 되는 크레타는 그리스를 비롯하여 유럽 전반에 큰 영향을 준 문명적 모체의 틀을 제공한 공통 문명체라 할 수 있다.

이 문화는 아시아, 이집트와도 접점이 있어서 언어, 인종, 종교적으로는 소아시아의 인도유럽어족에 가까운 것으로 추정되고 있다. 제우스를 섬기는 종교가 있었고, 사람들이 기둥과 황소, 비둘기를 숭상하며, 레아(Leah), 혹은 키벨레(Κυβέλη)라고 불리는 공통의 대지모신(大地母神, mother goddess)을 숭상하였다. 이렇게 동일한 유형의 화소나 모티프, 혹은 상징이 변형되어 나타나는 일이 문명적 흐름에서는 비일비재하게 나타난다. 그리고 이러한 공통적 원형 심상과 관계적 정서를 근간으로 보든 아이디어와 창의적인 발상 및 행동 예술을 비롯한 문화 양식이 발현되는 것이라 할 수 있다.

특별히 럭셔리는 지배계급과는 밀접한 관계를 가진다. 그 근본이 지배자, 리더 그룹이 사용하고 치장하는 데 있었기에 막대한 노동력과 귀한 재료를 아낌없이 들여 만들어 낸 것의 결과물이기 때문이다.

인류가 공통으로 밑바탕에 가지는 정서와 전승되는 스토리를 활용하여 신화와 럭셔리가 교차되는 지점을 융합해 볼 수 있다. 모든 스토리텔링의 근간에는 신화가 존재한다. 신화의 포괄 및 확산의 범위가 넓기에 그 범위 안에서 적용이 가능한 부분을 브랜드에 차용해 올 수 있다. 그리고 이러한 스토리들은 그 지역의 문화에 깊숙이 들어와 있기에 어린 시절 흔히 접하게 되는 스토리들 중의 하나라고 보면 된다. 신화에서 신과 인간의 관계가 인간적인 면모의 친근함과 익숙한 라이프 스타일을 반영한다는 점 등은 특히 주목할 만한 부분이다.

인간군상의 희로애락과 역경, 시련을 극복한 영웅의 이야기와 판타지적 요소를 결합했을 때 발생하는 예상치 못한 다양한 스토리텔링을 통해 흥미와 즐거움을 전달한다.

이러한 기조의 내용은 문명과도 코드를 같이 하고 있다. 럭셔리 브랜드와 공통의 코드를 가지는 철학과 메시지는 신화적인 가치와의 조우를 통해 공감각적인 확장의 결과를 가져올 수 있다. 신화적인 스토리는 각인효과를 지니며, 이와 융합된 메시지는 전달력에 있어서 더욱 강력한 힘을 가진다. 단순한 제품이 아닌 스토리와 결합한 럭셔리는 그 가치가 더욱 상승하게 되는 결과를 가져온다. 소비자가 선택한 제품이 귀족과 왕이 쓰던 역사를 가지고, 거기에 신화적인 스토리텔링이 가미되어 교차하는 접점에서 발생하는 몰입감은 특별히 관심 있게 살펴봐야 할 럭셔리의 탄생 맥락이다. 예컨대, 스타벅스의 상징은 그리스 로마 신화에 나오는 마녀 세이렌을, 캐논의 카메라 렌즈는 새벽의 여신 이오스를 차용했다. 또 한국에서 캔버스 신발을 수입하는 업체의 이름은 반고인데, 반고는 중국 창조신화에 나오는 거인이다. 이러한 상징과 신화의 판타지적 스토리를 차용해 존재의 차별화와 우월함을 증명하려고 한다.

인간의 본질, 근본에 가까운 원형이 이야기 서사라는 측면에서 신화가 브랜드와 결합하는 이유가 될 수 있다. 과거로부터 현실의 모습을 반추하여 미래를 전망한다는 측면과 다른 무수한 것들과의 차별화를 위하여 무의식에 바탕이 되어 있는 신화를 럭셔리 브랜드와 연결하는 것이다.

신화적 요소가 없는 럭셔리 브랜드도 세부적인 상징과 새롭게 선보이는 제품에 스토리성 요소를 콘텐츠화해서 소비의 맥락으로 순환 구조를 만드는 것이 중요하다.

14. 신화가 되고 싶은 럭셔리 브랜딩

신화는 신들을 주인공으로 이루어진 스토리이다. 이들은 탄생을 주관하고 물질의 영역을 구축하는 힘을 가지고 있는 전지전능한 존재로 등장한다. 그러나 그 존재성은 완전무결하지 않고 인류와도 비슷한 결함을 지니고 있는 인간적인 면모를 가진 존재로 묘사된다. 다양한 면모를 통해 친숙하고 각인이 쉬운 이점이 있다. 수많은 현상에 대해 신비하고 매력적인 이야기들이 다채롭게 있다. 게다가 창조신화와 영웅들의 주인공이라는 이러한 신분적 위치는 항상 각 문화의 리더들이 대중에게 메시지를 전달할 수 있는 매혹적인 영향력을 지니는 수단으로 활용된다.

각 문화의 리더들은 결국 왕족이나 귀족으로 대변되는 계층이다. 럭셔리는 왕족과 귀족의 사용과 특별한 요청에 의해서 만들어진 것들이다. 이러한 용도로 이루어진 것들이기에 그들이 사용하고 애용하는 것들 역시 럭셔리로 귀결이 된다. 문화적이고 흥미로운 요소들은 럭셔리 비즈니스 브랜드의 철학과 정체성에 녹아 들어있다. 때로는 신화의 상징을 빌어오기도 하고 영웅들의 여행기를 연상하는 여행의 여정을 테마로 한 브랜드들도 있다. 게다가 이러한 근본적이면서 흥미롭고 다양한 스토리는 세부적인 심볼로, 새로운 콘셉트로 구현하여 활용이 가능하다. 현재의 기술을 활용하여 제품과 스토리를 맥락으로 연결하여 소비자에게 더욱 공감각적으로 전달할 수 있다.

예컨대, 이탈리아의 럭셔리 브랜드 베르사체(Versace)는 1978년 메두사의 두상을 심볼로 한 브랜드를 선보였다. 메두사는 머리카락이 뱀으로 꿈틀대고 그녀의 시선에 모든 살아있는 것들이 돌로 변하는 능력을 가지는 것으로 알려져 있다. 신화의 메두사에서 의미를 가져와 브랜드에 전이시킨 사례라고 할 수 있다. 베르사체의 디자인이 고객에게 전달될 때 메두사를 본 것처럼 마력의 흡입력을 가지길 원하는 의미를 담은 듯하다.

이처럼 오프라인 매장이나 막연하게 생각하는 이미지의 브랜드에서 이러한 신화적인 스토리를 인지하고 접근하면 훨씬 흥미진진해지고, 럭셔리 브랜드가 전달하고자 하는 아우라의 스펙트럼이 넓어진다. 이러한 것이 스토리텔링을 통한 콘텐츠의 힘이라고 할 수 있는데, 이때 신화의 세부적인 면모와 스토리들을 제품의 상징, 철학과 연결시켜 뉴테크놀로지를 통해 공감각적으로 전달하면 소비자의 구매경험이 더욱 풍부해질 것이다.

결과적으로 이러한 문화적인 기반의 테두리 안에서 디자이너가 개인의 창조적인 영감을 신화적인 모티프와 접목시킴으로 해서 더욱 발전되고 영속된 힘을 가진 브랜드력을 만들어 낸 것이라 할 수 있다.

메두사가 매혹과 유혹의 성격을 대표하는 마녀의 신화적 속성을 가지고 접근했다면, 스타벅스의 상징인 세이렌도 비슷한 맥락을 지녔다고 할 수 있다. 세이렌 역시 요정이자 마녀이며, 사람을 음악으로 홀리는 신화적 존재이다. 스타벅스는 커피를 파는 일차원적 공간의 개념을 '음악을 듣고 작업과 교류를 할 수 있는 라이프 스타일의 공간'으로 재창출한 가치를 전달하였다는 점에서 가치와 문화의 발달로 새롭게 창조된 럭셔리라고 할 수 있다.

한편 프랑스를 대표하는 럭셔리 브랜드인 에르메스(HERMES)는 이와는 다른 신화적 맥락을 지닌다. 1837년 티에리 에르메스(Thierry Hermes)는 가죽으로 마구를 만드는 것으로 비즈니스를 시작했으며, 현재 6대째 가업을 이어오고 있는, 가장 상위권에 자리매김 되는 럭셔리 브랜드라고 할 수 있다.

신화에서 헤르메스는 먼 길을 떠도는 방랑자들과 모험가들에게 길잡이 역할을 하여 주는 신이다. 최후 종말의 순간에 영혼을 하데스에게로 인도하여 주는 신이기도 하다. 본래 헤르메스는 신들의 왕인 제우스의 명령을 전달하는 전령의 역할을 하는 신이었다. 또한 상업을 관장하고 부를 가져오는 의미이기에 럭셔리 비즈니스와 아주 잘 매칭이 된다고 할 수 있다.

그 외에도 분야를 달리해, 여행에 대한 철학과 로망을 주요 근간으로 삼는 럭셔리 브랜드들도 있다. 이러한 브랜드들의 근저에 자리잡은 헤리티지에는 귀족이 여행을 다니는 스토리를 모체로 한 스토리텔링이 구성되어 있다. 귀족들은 배움과 치료 등의 목적을 위해서 여행을 하는 것이 기본적인 라이프 스타일로 되어 있다. 그래서 이동을 위하여 귀중품을 보관하는 여행가방이 중요했다.

헤리티지적인 여행용 트렁크의 케이스는 모자, 드레스 및 의복의 수납, 즐길 수 있는 게임기구, 운동 경기 도구 등의 수납을 위해 구성이 규격에 맞춘 맞춤으로 되어 있는 경우가 많다. 그리고 오리지널 여행 트렁크는 모두 무게가 무겁고 이동은 불편한 외형이었다. 그 이유는 여행 시에 이동, 보관, 수납, 관리의 주체가 하인들의 노동력이었기 때문이다. 따라서 장기간 여행 일정에서 이동의 불편함을 해소하고자 하여 개발하게 된 것이 시초가 된 브랜드가 많다. 이를 위해 여행 가방들이 서로 겹치기 쉽고 들기 쉽게 디자인을 보완하고, 본체를 이루는 재질의 물성을 바꾸어 무게감을 줄이는 방식으로 변형을 하였다. 거기에 그 브랜드만의 독창적이고 구분되는 이니셜을 만들어 심볼화, 패턴화하여 브랜드를 이룬 것이다.

그러나 더 근원적인 헤리티지를 깊이 분석해 보면 이러한 여정에 대한 갈망과 욕구는 문화 자체의 기원에 있다고 할 수 있을 것이다. 에게해와 크레타섬에서 발원한 여행과 모험을 떠나는 대서사시의 주인공들의 이야기가 럭셔리 정서의 기저에 있는 것이다. 그리고 여행을 하면서 스승을 모시고 배움을 얻는 라이프스타일이 로열 핵심 리더층의 문화에 녹아 있었다. 이러한 과정을 통해 더욱 창의적인 리더의 모습으로 교육되는 기저에는 신화로부터 전승되어 오는 문화가 자리 잡고 있는 것이다.

한편 럭셔리 제품의 로고에 신화적 요소가 가장 많이 활용되는 분야 중 하나가 명품 자동차이다. 예컨대, 이탈리아의 고급 스포츠카 브랜드인 마세라티는 바다를 다스리는 포세이돈의 삼지창을 상징으로 삼는다. 포세이돈을 상징하는 동물은 말이어서 페라리나 포르쉐 같은 럭셔리 자동차 브랜드들에도 마력(馬力)을 의미하는 상징이 많이 사용된다. 또 스웨덴의 자동차 볼보는 전쟁의 신 아레스의 창과 방패를 심볼화해서 로고로 사용했다. 비슷한 맥락으로 대중적인 브랜드인 나이키도 승리의 여신 니케에서 근원을 찾을 수 있는 브랜드명이다. 이처럼 근원적인 이미지의 교차를 연상하여 보면 브랜드에 대한 의미가 더욱 특별해지는 각인 효과와 함께 가치 역시 좀 더 특별해진다.

아울러 또 다른 교차되는 공통점은 구전을 통한 전승, 전파라는 방식의 연결을 통해 공감의 맥락을 이루고 강력한 스토리텔링의 힘을 획득한다는 점이다. 현대에는 발전된 IT기술이 더해져 이를 활용해 대인 관계의 범위와 그 전파의 영역이 글로벌하고 새롭게 확장됨에 따라 교류된 메시지의 전파가 동시에 확산 가능하게 되었다.

신화적 특성을 활용하여 럭셔리 비즈니스의 헤리티지, 그리고 이에 부가되는 흥미로운 스토리에 럭셔리한 속성을 융합할 수 있을 것이다. 근원적인 세월의 무게가 있는 흥미로운 신화적인 모티프를 공통의 근간으로 삼은 스토리들은 항상 존재해 왔다. 그것이 문화 원형의 힘이자 신화의 힘인 것이다. 이러한 속성을 오리진과 잘 융합하여 반영한다면 태생이 같은 범주에서 발원하였기 때문에 럭셔리 비즈니스의 기본적인 속성과 잘 매칭될 것이다.

인류는 항상 새로움과 모험을 추구하지만, 불변의 가치를 동시에 추구해 왔다. 럭셔리에서 추구하고자 하는 근본 요소도 묵직한 시간의 힘이 있는 곳에서 나오는 문화적 원형의 스토리를 기본으로 하여 차별화되고 희소한 것, 자아를 대변해서 표현할 수 있는 것이 융합되어 있다. 따라서 그 저변에 자리한 공통적인 욕구의 속성을 보면 신화적인 요소들과 기조를 같이 한다. 럭셔리 비즈니스 제품의 구현은 왕실과 귀족의 사용 물품들이라는 기원을 가지고 있기에, 바로 이런 속성이 신화적 표현들과 함께 히스토리와 정서에 녹아 있다.

현재 럭셔리 비즈니스는 불황이 없이 계속 성장을 거듭하고 있는 마켓이다. 패션 비즈니스 마켓은 극단적인 양극화로 나뉘고 있다. 실용적인 가격과 퀄리티를 추구하는 패스트 패션과, 항상 워너비의 욕구, 이상향에의 동경을 자극하는 럭셔리 비즈니스로의 이행이 바로 그 극단적 마켓 모델이다. 여기에 이종 비즈니스 간의 콜라보레이션도 새로운 가치전환과 창출을 위해 자유롭게 진행되고 있다. 이러한 행위들은 이종 비즈니스 기업의 고객을 신규 고객으로 유치하기 위한 일환이라 할 수 있다. 신화의 근원적이고 신비스러운 인류 원형적인 요소를 럭셔리 비즈니스에 적절히 활용한다면 현재 각광받는 럭셔리에 세상을 바꾸는 럭셔리 비즈니스 브랜딩의 파워를 전파할 수 있을 것이다.

Chapter.6

퓨쳐 럭셔리 비즈니스 전망
-
다원성을 통합으로 연결하기

미래를 전망한다는 것은 지금 서 있는 지점에서 시각적인 지평 너머 미래의 지점을 상상하는 것과 같다. 모든 미래는 현재와 긴밀한 개연성을 가지고 있다. 그러므로 사회적인 변화와 흐름을 인지하고 있으면 충분히 이에 대응하는 전략적인 확신을 가져갈 수 있다. 상상할 수 있다면 그건 이미 현실이라고 했다. 결국 사회 문화적인 테두리의 바탕 안에서 세부적으로 들여다보는 주제에 대해 미래의 그림을 그릴 수 있을 것으로 확신한다. 근본을 이루는 바탕에 대한 이해와 그 뿌리 개념에 대한 확고한 확신을 가지고 있을 때, 파도가 치듯 밀려오는 유동적인 변화의 요소들은 다각적인 퍼즐 조각으로 승화될 수 있을 것이다. 대승적인 차원의 통합과 상승으로 연결될 수 있을 것이다.

15. 정신적 가치 중심의 럭셔리 시그니처 브랜딩의 필요성

소비자에게 제안되는 가치는 그 서비스와 제품을 써야 하는 기본적인 이유가 된다.

모든 상품의 기본적인 출발은 소비자에게 만족감을 전달하는 것에서 시작한다. 어떠한 방법으로 더욱 세심하게 경험을 전달하느냐가 관건인 것이다. 타깃팅한 고객 중 럭셔리를 소비하는 소비자가 원하는 것은 무엇인가? 타깃팅한 소비자의 욕구와 니즈가 무엇인지를 규명하는 것이 중요하다. 고대로부터 럭셔리를 소비하는 주요 소비층을 감안할 때, 지배계층의 개별적인 생활재에 관한 요구로부터 시작된 럭셔리 제품이 많다. 개인을 더욱 아름답게 치장하는 것이나 혹은 타인과 차별되는 탁월함으로 무장하기 위해서 럭셔리 제품을 패용한다. 그리고 역사적으로 왕이나 귀족이 자신의 능력과 부를 외부세계에 발현하기 위한 전략 중의 하나이기도 하다. 본인을 주시하는 주변인들에게 감동과 위엄을 전달할 정도의 제품을 스스로 착용하거나, 혹은 부인이나 가족에게 선물하여 전시하는 행위, 그리고 대외적으로 나라의 부와 기술적 우월함을 드러내고자 할 때 사용되었다. 세월이 흘렀어도 현대 럭셔리 비즈니스의 구입 목적 역시 대부분이 고대와 비슷하게 욕망을 자극하는 점에서는 일맥상통한다. 럭셔리를 소비와 소유로 접근할 때, 플렉스적인 과시를 우선시하는 소비 태도도 이러한 의미와 통한다. 자기만족과 취향을 추구하는 소비층도 있지만 새롭게 영입되는 신규 고객들은 흥미와 새로움, '나도 이러한 테이스트를 소유한다'는 태도를 가지고 소비에 접근하는 층도 있다. 퀄리티에 치중해서 럭셔리 브랜드를 소비를 하기 위한 태도를 지닌 신규 고객보다, 타인의 시선을 의식하고 보여주기 위한 전시성에 치중하여 럭셔리를 접하는 태도를 보이는 고객들이 증가하는 것이다.

전통적인 핵심고객과 함께 라이프 스타일 아이템의 증가로 인하여 전체적인 럭셔리의 소비층은 확산되는 추세이다. 어떠한 의도와 의미를 가지고 소비에 접근한다고 하더라도, 고객층의 확산은 볼륨과 영향력의 증가 추세로 볼 때 긍정적인 시그널이라고 볼 수 있다. 이러한 고객층이 확산되었을 때, 럭셔리 브랜드의 본질과 가치에 대한 교감이 충분히 이루어진다면 브랜드가 전달하고자 하는 철학적인 관점과 신조까지 반응하게 되는 마니아적인 로열 고객층으로 전환이 가능할 것이다.

테크 인프라의 발전과 함께 초개인화를 통한 개인 맞춤 서비스의 접근과 발전 방안이 다양하게 제시될 것으로 예상된다. 럭셔리의 근본적인 비스포크형 맞춤 서비스와 세밀한 라이프 스타일 분석 데이터를 바탕으로 한 초개인화 서비스는 소비자에게 만족감을 증폭된 크기로 전달시킬 것이다. 아울러 디지털 트랜스포메이션의 과정을 선행한 데이터의 분석과 이종 데이터를 보유한 업체 간의 긴밀한 협력을 구축하여, 보다 만족감을 향상시키는 서비스 형태로 변모해 나갈 것이다.

이러한 제안의 구축을 통해 취향을 설계하고 연계성 있는 스타일링을 통해 럭셔리 비즈니스 영역을 더 확대할 수 있다. 데이터의 구축은 고객 개인의 정보를 중심으로 제공되는 개인화 서비스와 함께 개인을 중심으로 한 주변인들에 대한 관계적인 서비스를 고려하여 동심원적인 형태의 연결성으로 서비스의 확장이 가능하게 될 것이다. 다양하게 수집된 정보를 통해 주변 지인들의 특별한 기념일에 선제적 맞춤상품 제안까지 가능해질 것이다.

아울러 디지털 미러링의 메타버스와 교감을 통해 현실세계에서 소유하고 소비하는 럭셔리에 대해서 메타버스 세계에도 동시에 다양한 표현을 위해 크로스 코디네이션과 스타일링이 가능하게 카테고리 매칭된 다양한 아이템과 과감한 디자인들이 활발하게 제안되고 교류되며, 소비될 것이다. 실감 시뮬레이션 기술을 이용한 디자인 제안들은 소비자에게 맞춤형 디자인을 선 제안하는 요소로 활용되어 커뮤니케이션 단계에서 실물 제품화 전에 충분한 사전교감을 이루어 낼 수 있다. 이 부분에서 소비자에게 재미와 다양한 옵션을 제공함으로써 브랜드와 소비자가 함께 만족하는 결과 도출이 가능하다. 또 본인이 완성 단계 전에 참여하는 경험을 제공하여 오너십과 주체성을 가지게 될 것이다.

미래에 대한 전망에서 사전 시그널을 포착하는 것은 중요하다. 예상하지 못한 팬데믹과 그에 따른 경제위기, 인플레이션, 소비의 양극화로 인하여 소비의 가치와 의미를 돌아보려는 움직임이 일고 있다. 트렌드를 소비하는 동시에, 개인의 부를 외부에 전시하여 부러움과 존경, 시선을 끌고 싶은 욕구를 표현하는 고전적인 소비 형태 흐름에 더하여, 특정 한정품을 추구한다거나, 나만 아는 브랜드를 찾아내서 즐기는 것 같은 희소성의 소비가 바로 그것이다. 남과 다른, 차별화된 것을 찾아다니며, 극단적으로 소비를 중단하면서 비소비와 무지출을 통해 타인과 차별성을 가지려는 태도 또한 새로운 소비형태로 등장하고 있다. 이처럼 현재 소비자의 소비 태도 변화에 대한 이해와 분석이 중요한 시점이다.

이러한 다양한 소비 태도가 혼재되고 있는 시대에 초개인화 서비스는 중요한 해결책이 될 수 있다. 일차적인 물건의 판매로는 전달이 불가능한 럭셔리 비즈니스의 철학과 메시지의 공유는 초개인화 서비스의 구체적인 구현을 통해 효과적으로 전달되는 동시에 확장된 경험을 가능하게 해 주는 영역을 제공한다. 그런 점에서 비스포크 서비스는 기본적으로 럭셔리의 속성에 적합하다. 이 개인 맞춤화된 영역을 극대화하여 소비자에게 예상가능한 경험의 만족치를 훨씬 넘어서는 경험 서비스를 전달해야 한다. 예상하는 기대치는 그 정도이거나 그 이하를 제공한다. 그러나 그 이상의 만족을 전달하고자 노력할 때 역치를 넘어서는 만족의 극대화 상태의 구현이 가능해질 것이다.

그리고 이러한 소비자 만족의 극대화를 실제적으로 구현하기 위해서는 럭셔리 제품의 안정된 퀄리티와 심미적 아름다움을 넘어서는 그 이상의 정신적인 가치를 제공하여야 한다. 제품 가치와 연동하여 정신적인 감정충족까지 전달하는 가치지향 중심의 럭셔리가 필요하다고 할 수 있다. 왜 이 물품을 소비하는지에 대한 공공적인 이유와 함께 소비하는 개인의 격을 한 단계 높여 줄 수 있는 것이 필요하다. 이러한 가치지향적인 메시지가 공공연하게 전시되어야 할 것이다. 이러한 것을 바탕으로 럭셔리가 라이프 스타일에 녹아들어 개인의 취향과 품격을 드러내어 줄 수 있는 럭셔리로 업그레이드해 가치를 더해야 할 것이다.

하나를 고르더라도 이러한 의미와 스토리가 들어간 콘텐츠로의 전이가 필요한 시점이다. 즉, 생활 밀착형의 취향을 표현해 주는 시그니처 럭셔리가 등장해야 한다. 미니멀 라이프 스타일을 추구하더라도 생활에 꼭 필요한 필수적인 용품들은 구매하여야 한다. 이러한 라이프 스타일 제품에 럭셔리 브랜드의 정신적 철학이 용해되어야 한다.

럭셔리 비즈니스에 이종 비즈니스 간 협업을 통한 시뮬레이팅과 온·오프라인을 망라하는 몰입의 공간을 창출하여 소비자에게 가치 전달의 장을 제안할 필요가 있다. 이러한 통합적이고 공감각적인 경험의 장을 제공하여 럭셔리 브랜드 자체를 다양한 감각으로 체험하게 한다. 아이템의 범주를 확장하여 선테스트 마켓으로 활용도 가능하다. 동시에 최고의 브랜딩 시뮬레이션 체험이 될 수 있다.

이처럼 다양한 융합적인 접근 방식은 브랜드와 소비자의 정신적인 유대와 교류를 강화해 나갈 수 있는 새로운 뉴 비즈니스를 창출하는 기회가 될 수 있다. 일관성 있는 가치관과 스토리텔링을 기반으로 소비자를 몰입하고 집중하게 하는 것이 중요하다. 발달된 과학 기술과 함께 럭셔리의 표현은 계속 진화해 다양하게 제안되고 있다. 표현하는 방법이 다양해지더라도 럭셔리가 지향하는 근본적인 가치와 정신적인 유대감, 철학적 메시지는 흔들림 없이 강화되어야 할 것이다. 취향의 큐레이션이 투영된 럭셔리로 표현되어 럭셔리 상품이 개인의 라이프 스타일을 표출하는 연결점으로 전이될 필요가 있다.

가치지향점이 없는, 물질 기반으로만 이루어진 브랜드는 생명력을 길게 가져가기가 어렵다. 호감이 줄어들면 욕망은 기하급수적으로 사라지게 된다. 이에 대한 보완으로 럭셔리 브랜드에 대한 정신적 가치지향의 각성이 필요한 순간이다. 그리고 소비자들도 가치지향적인 브랜드 스토리에 관하여 관심이 증대되고 있다.

누구나 따라 하기를 원하는 라이프 스타일의 철학이 반영된 '워너비 럭셔리'가 대두될 것이다. 물질과 정신적인 만족도를 동시에 추구하고자 하는 소비태도가 시대적으로 요청될 것이다. 라이프 스타일 자체가 과시적인 것에만 머무는 정도를 벗어나 격을 갖추는 럭셔리한 삶과의 연동을 통해 정신적인 만족감과 연결되어야 한다. 철학적이고 정신적인 메시지와 스토리가 담긴, 대를 이어 가는 럭셔리의 가치가 생성될 수 있는 관계를 형성해야 할 것이다.

16. 한글의 과학적 가치를 심볼화한 럭셔리 브랜드 제안(스토리텔링)

시대정신의 표현은 시대의 가치체계와 연동된다. 한국 문화 콘텐츠에 대한 관심이 급증하고 있는 현상은 이미 현시대의 문화현상으로, 글로벌화되고 있다. 최전방에서 선전하고 소프트 파워를 리드하고 있는 엔터테인먼트 영역뿐만 아니라 다양한 문화 예술 영역을 포함하여 한국 자체에 대한 전반적인 호감도도 상승하고 있다. 엔터테인먼트를 통해 소개된 모습들은 문화적인 코드로 변환되어 글로벌 소비자들에게 자연스럽게 스며들게 되었다. 각 상징적인 코드들은 음악과 공간, 음식, 스타일링하는 패션 방식, 라이프 스타일에 접근하는 가치관, 삶과 상호 관계하는 인식적 관념체계까지 코드화하여 글로벌 네티즌에게 확장되어가는 추세이다. 한글이 2023년 세계에서 가장 많이 배우는 문자 중 7위에 오른 것을 보면 그 위상과 관심을 짐작할 수 있다.

한국문화와 한글이 글로벌로 부상하는 현상
(유튜브 '일간 소울영어' 발췌)

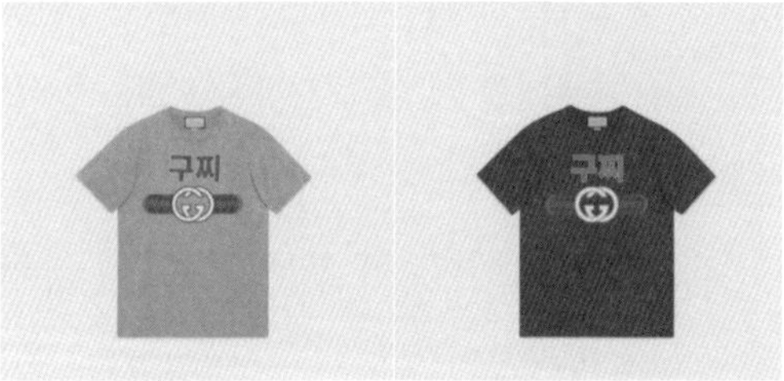

2023 구찌의 코리아 익스클루시브 디자인 버전
코리아 익스클루시브 인터로킹 G 코튼 티셔츠

게다가 언어의 전파 대상도 대중이다. 대중이 배우고 이해하고 실제 적용하려면 UX(User Experience : 유저 익스피어리언스)가 편리하고 쉬워야 한다. 사용이 편리하지 못한 발명은 생명력이 영속되지 못한다. 한글은 그만큼 독창적이고, 창제된 구조 자체가 과학적이면서 쉽고, 심미적인 아름다움을 가지고 있다.

문자는 그 문자를 사용하는 문화의 정체성을 표현하는 가장 확실한 도구이다. 독창적인 아름다움을 가지고 있는 한글을 보유하고 있기에 그만큼 한국문화의 주체적인 코드가 강하다고도 할 수 있다. 같은 문자를 공유하는 세계에서는 같은 문화적인 세계관이 쉽게 넘나들고 확산된다. 전 세계가 5G로 인한 테크 인프라로 접어들면서 문화 코드와 트렌드의 확산은 빠르게 이루어진다. 주요 럭셔리 소비계층으로 테크 원주민이라고 할 수 있는 Z세대가 유입되고 있다. 이들은 럭셔리 브랜드와 패션의 화법에 익숙하고, 그것을 놀이처럼 즐기는 대상으로 접근하는 세대이다. 또한 한국문화에 가장 관심이 많은 주력 세대이기도 하다. 음악, 영화, 패션을 망라하는 문화 예술적 접근은 시대와 상관없이 젊은 에너지와 신세대를 모델로 지향해 왔다. 럭셔리 비즈니스에 한국 전통문화를 근본으로 한 아시아 럭셔리가 태동해야 하는 것이 시대적인 요구이다. 이 부분은 정신과 가치지향적인 철학적인 관점으로 바라보아야 한다. 그리고 서양 문화 근본으로 편중되어 있는 럭셔리의 균형을 위해서도 필요한 부분이다.

이 철학적 고찰은 '한국적이라는 것이 무엇인지'에 대한 성찰로부터 시작하여야 한다. 아시아에서, 그중 왜 한국인 것인가?

한국적인 것의 미학은 그 바탕의 속성을 들여다보면 진정성을 기본으로 내포하고 있다. 미시적으로는 디테일과 고급스러움을 가지고 있으나, 거시적으로는 우아한 개연성을 잃지 않는다. 그리고 자연에 녹아들어 자연스러움을 추구하는 멋이 있다. 용도에 맞추어 일괄 개간하여 배척하는 대척점으로 자연을 대하는 태도가 아니다. 다양성을 있는 그대로 인정하고 포용하는 어울림의 미학, 통섭성을 가지고 있다. 이러한 어울림의 수용성 있는 태도와 가치관이 바탕으로 된 럭셔리가 태동해야 할 시기인 것이다.

그리고 럭셔리 비즈니스 마켓의 변화에 대해서도 눈여겨 보아야 한다. 고전적이고 전통적인 럭셔리 브랜드에서 '뉴럭셔리'로 불리는 새로운 럭셔리 브랜드들이 부상하고 있다. 이 변화는 팬데믹 이후 라이프 스타일의 변화와 연동되어 원마일 웨어의 유행으로 럭셔리에서 캐주얼하고 기능적인 것에 대한 새로운 욕구를 찾고자 하는 시도로 이어졌다. 구체적으로는 고전적 럭셔리에 비하여 상대적으로 접근성이 쉬운 가격대의, 1980년대 이후 설립된 브랜드들이 다수이다.

이러한 흐름으로 볼 때 디지털에 익숙한 Z세대가 럭셔리에 대하여 접근하는 태도는 한 방향적인 방식이 아닌, 복합적이고 다층적, 공감각적 형태를 띤다고 봐도 무방할 것이다. 수동적 방식이 아닌 적극적 태도로, 혁신적이고 전복적인 것에 대하여 열린 태도를 지니고 있다. 생활 양식과 교류의 측면이 변함에 따라 욕구도 다각화된다고 볼 수 있다. 또 문화의 균형적인 흐름과 확산으로 볼 때, 지구상 넓은 분포면적과 장구한 역사를 지닌 동양문화에 기반한 럭셔리 브랜드의 출현은 당연하다고 할 수 있다.

이런 흐름을 가속화 하는 요소 중 하나가 최근 럭셔리 브랜드를 대표하는 엠버서더로 아시아 한류 스타들이 전면에 대거 등장하는 현상이다. 동시대의 흐름을 대표하고, 럭셔리 브랜드를 아이코닉하게 상징하는 매개로서의 위상을 지닌 존재가 엠버서더이다. 아시아를 근거지로 한 엠버서더들의 대거 등장에 주목해 볼 필요가 있다.

아울러 구찌(GUCCI)는 2023년 1월을 기념하여 '구찌'라고 한글이 표기된 유니섹스의 의류를 코리아 익스클루시브로 판매하였다. 럭셔리 브랜드에서 이미 이런 문화에 대한 수용은 적극적이다. 흥미롭게도 Z세대에게 패션 바운더리에서 전통 한복을 근간으로 한 신생 브랜드들이 많이 태동하고, 인기를 얻고 있는 추세이다.

그러나 아쉬운 점은 브랜드의 포지셔닝 가격대가 매스티지를 표방하는 엔트리 레벨에 머무르고 있다는 점이다. 해당 문화의 가치가 상승하려면 고가의 가격대와 함께 예술적 구현을 반영한 럭셔리 브랜드가 필수적이라 할 수 있다. 이러한 중첩되고 단단한 성공사례와 위상이 서로 더해질 때 전통문화의 입지 역시 상승한다고 할 수 있다. 게다가 이 영역의 마켓은 비어 있는 공간이라고 할 수 있다. 따라서 필자가 글로벌 럭셔리 비즈니스 마켓에서 생산과 기획 디자인, 마케팅 등 전반을 두루 경험한 점을 활용하여 아시아 문화 기반, 특히 K-CULTURE에서 영감을 받은 럭셔리 마켓 타깃의 패션 플랫폼 브랜딩을 제안하고자 한다.

이러한 노력은 다각도의 협력을 베이스로 하여 국내 장인들과의 콜라보레이션, 그런 지역적 노하우를 통한 기술 개발, 공예적 가치의 패션화, 국내외 갤러리와 박물관 등과의 협력 등을 모색하여 점진적으로 발전해 나아갈 예정이다. 그리고 핵심 고객을 글로벌 K-CULTURE와 예술에 관심이 있는 고객으로 페르소나를 특정하여 관련 한류 페스티벌, 아트 전시회 등으로 협력과 자문을 넓혀 나갈 계획이다.

협력 업체 또한 한국 전통의 공예적 장신구를 활용하여 현대적인 워크 웨어에 융합하여 적용하고자 한다. 정적인 아시아에서 머무르지 않고, 역동적이고 에너지 넘치는 날개와 천둥을 가진 신화의 호랑이 이미지와 고대 군복, 황실의 대례복에서 영감을 받아 더욱 혁신적인 아시아 베이스의 패션 꾸뛰르를 제안할 예정이다. 인스피레이션의 모태 자체가 한복이 아닌 전통 장군복, 군복과 황족의 대례복에서 영감을 받아 당당한 워크 웨어와 기능적인 모습으로 구현될 예정이다. 여기에 테크적인 기능을 믹스하여 NFT아트와 뉴런칩을 이용한 웨어러블 테크도 부가하여 새로운 방식의 패션이 제안되리라 예상된다.

PART.2

럭셔리 비즈니스 브랜드 런칭

(PROCESS OF FASHION DESIGN BRANDING)

Chapter.1

글로벌 럭셔리 비즈니스 브랜드의 프로젝트 런칭 과정

※ 기획과정

이 책에서 럭셔리 비즈니스 브랜드의 구축을 위한 과정을 다음에 첨부한 표와 같이 개괄적으로 정리해 보았다. 크게 두 가지로 분류가 되는데, 기획 전반 과정과 분야별 구축을 담았다. 이 과정에서 누락된 부분은 유통 채널 과정과 구조 확립, 생산에 관한 부분이다. 이 또한 각 브랜드의 컬러에 따라 어느 부분을 강화하느냐에 크게 달라질 수 있는 부분이다. 글로벌 럭셔리 비즈니스 브랜드에서 일반적으로 기획이라고 분류하는 부분을 이 표에 표기하였다.

유통 채널은 그 브랜드의 규모에 따라 별도의 부서를 가지기도 하고 기획 파트에서 일부 영역을 담당하기도, 포괄적 협력으로 접근하기도 한다. 생산영역은 럭셔리에서 중요한 부분이다. 퀄리티와 공방을 운영하는 부분에서 성격이 크게 나뉘는 부분이나, 이 분야 역시 브랜딩 기획에 있어서 필수적인 것은 아니다. 현대에는 샘플실만 운영하고 별도의 생산 파트를 인하우스에 편재하는 경우도 있고, 글로벌 소싱으로 해결하기도 한다. 워낙 회사의 사정에 맞는 다양한 방법이 있기에 이 부분은 기획 과정에서 생략하기로 한다. 각 과정별로 브랜드가 추구하고자 하는 비전에 맞추어 세부 목록은 강화될 수 있다. 강화되는 과정에 따라서 브랜드의 역량과 구축되는 협력 라인, 투입되는 비용 전반은 달라질 수 있다. 또한 이것은 브랜드의 차별점, 우월성과도 연동된다.

럭셔리 브랜드 런칭 프로세스

위의 첨부한 표는 럭셔리 브랜드의 구축을 위한 과정을 정리한 것이다. 이 과정은 일반적인 브랜딩의 확립에도 적용이 가능하고, 때로는 중첩되기도 하며, 상황에 따라 모듈화 되어 순서가 변화될 수 있음을 염두에 두기를 권장한다. 브랜드를 신규 런칭하는 것과 안정화된 모델을 운영하는 것, 조직의 규모에 맞추어 생략되거나 강화되는 부분이 생기기 때문이다. 현대에는 이 과정들 간에 불편함이 발생하거나, 혹은 비즈니스 접점이 발생하는 경우가 많음을 염두에 둬야 한다.

1. 기획 360
Researching

1) 마켓 리서치&분석_Market research

신규 브랜드의 기획, 진행 중인 브랜드의 기획 시즌 준비, 단기 프로젝트 준비, 그리고 트렌드의 사회 전체적 동향을 파악하기 위하여 선행되어야 하는 기획의 근간을 이루는 기초요소가 바로 시장조사이다. 기본이면서 동시에 전망을 통한 기획의 이유를 제시할 수 있는 토대를 이루는 조사이기에 중요한 첫 발걸음이라고 할 수 있다. 따라서 전체 기획 기간의 소요 시간을 예상하여 완료일을 정한 후, 마일스톤의 일정을 잡아서 기일을 꼭 준수해 진행하도록 한다.

이러한 기획 스케줄을 모든 참여자가 꼭 준수해야 한다는 의미를 담아서 마일 스톤이라고 한다. 마일스톤은 마켓에 제품이 진입하기 위한 스케줄을 의미한다. 이 마일스톤도 전체를 움직이는 스케줄과 세부 스페셜 프로젝트를 이루는 스케줄 등이 별도로 연동되어 움직여야 한다.

기획 목적에 부합하는 여러 방법의 시장조사가 진행될 수 있다. 진입하고자 하는 비즈니스 마켓의 동향을 조사하는 경우, 관련된 전문 업체의 정보획득을 목적으로 하는 경우, 분석을 위한 타깃에 부합한 나라를 선택하여 조사하는 경우, 세부적인 도시를 목표로 하여 시장조사를 하는 경우, 주요 공략층을 미시적으로 조사하는 경우 등 다양한 지표와 조건을 구분하여 시장조사를 진행한다. 전문적인 정보를 얻고 싶을 때는 페어 전시회에 참가하여 관련 정보를 얻는다. 동시에 마켓 현황조사를 병행하기도 한다. 현재 속해 있는 시장보다 더욱 성숙한 마켓이 있는 곳을 방문해서 그 모델을 학습해 반영하기 위한 목적으로 트렌드 조사용 출장을 하기도 한다. 목적과 유관한 업종이 많은 본사가 위치한 럭셔리 플래그십 스토어와 편집숍, 백화점을 이용하기도 하고, 트렌디한 특별 전시회가 개최되는 장소 등 인기 있는 곳을 방문하기도 한다.

럭셔리 관련 비즈니스는 아트와 밀접한 관련성을 가지므로 국제적인 아트 페어와 연관하여 유동적인 움직임을 보인다. 이러한 경향은 럭셔리 소비층이 아트의 실제 소비층과 실질적으로 교차됨을 보여주는 방증이라고 할 수 있다. 아트 페어가 열리는 도시가 국제적인 조명을 받는 도시로 부상하는 흐름을 읽는 것으로도 파악할 수 있다. 목적한 비즈니스 마켓을 조사하는 것도 중요하지만, 라이프 스타일 전반의 움직임을 파악하는 목적의 조사도 중요하다.

목적한 관심 제품군의 페어, 박람회가 열리는 곳을 직접 방문하여 전반적인 트렌드의 움직임과 제품과 자재들의 구성 등을 살펴보기도 한다. 그리고 직접 현지 공장을 방문하여 상담을 하는 경우도 있다. 이러한 경우는 제품을 바잉으로 진행하여 브랜딩을 구성하여 물품을 구성 기획하는 경우, 럭셔리 브랜드는 특정 상품에 대한 상담과 현지 실태 조사를 하기 위한 목적으로 현장을 방문한다.

저자는 엘에프 패션에서 LG FASHION 바잉과 해외 기획 생산을 겸하여 제덴 브랜드를 기획 진행하였다. 액세서리 바잉으로만 브랜드를 구성하는 것이 흔하지 않았던 개념이었기에 바잉 기획 콘셉트 맵과 가격대를 맞추는 머천다이징 플랜, 전략상품 플랜 등을 가방, 신발, 주얼리, 스카프까지 망라하여 진행하였다. 일반적인 이탈리아 박람회를 통하여 사전 기획 구성한 계획에 맞추어 물품을 바잉하고, 그 외로 가능성이 있는 제품들을 직접 디자인, 브랜딩하는 상담을 바이어들과 진행했다. 그리고 이 실태 상황 조사와 진행 확인을 위하여 해외 공장을 직접 방문하였다.

생산지가 이탈리아와 독일, 동유럽일 경우, 사전에 기획한 디자인을 제시하여 협의를 진행하고, 그 후 직접 제품의 퀄리티를 검증하기 위하여 그 나라의 공장을 직업 방문하는 형식을 취한다. 바잉의 방식만을 가지고는 전체 브랜딩을 하기에는 한계가 있기 때문에 편집숍의 형태가 아닌 이상 브랜딩 기획 디자인을 적용한 상품기획을 통해 브랜드의 완성도를 더한다. 가방과 소품, 스카프, 장갑류,

슈즈, 스페셜한 고가의 퍼 제품을 포함하여 다양한 아이템을 탁월한 생산력이 뒷받침된 곳에서 발굴하고, 그 비즈니스 업체와의 협의 미팅을 진행하는 방식이다.

일반적인 브랜드에 속한 경우의 시장조사와 바잉을 위해 박람회를 찾은 경우는 그 집중도와 협의 내용 자체가 다르게 진행된다. 제품의 소재, 실의 컬러, 세부 디자인의 구성 상태 등을 총망라하여 한 브랜드에서만 바잉이 아닌 이곳저곳의 물품으로 전체 브랜딩을 진행하는 것은 고도의 집중력을 요하는 작업이다. 가격대의 매트릭스를 맞추는 것과 트렌드를 전망한 상품을 현장에서 발굴하는 일이 동시에 이루어진다. 그리고 아이템도 전체를 다루는 것이 포괄적인 패션의 맥락에서는 많은 도움이 된다.

한편 발렌타인(VALENTINE)에서 재직 중에는 이탈리아 생산의 스카프와 셔츠의 바잉을 진행하여 이탈리아 꼬모(COMO)에 자주 방문했다. 꼬모는 전 세계 부호들의 별장 지역으로 유명한 곳 중 하나이다. 호수가 아름답고 이에 걸맞게 역사적으로 섬유산업이 발달되어 있어서 이에 대한 다양한 럭셔리 기획에 관해 점검할 수 있는 기회를 가졌다. 이들의 경우 히스토리컬한 자료들을 모두 아카이브 해서 가지고 있는 경우가 많다. 이탈리아의 이런 공방형 스튜디오들은 샤넬, 아르마니, 페라가모, 돌체 앤 가바나 등 대부분의 럭셔리 브랜드를 포함한 다양한 명품에 제품을 납품하는 곳들이다. MCM에서는 파티용 드레스와 테일러드 재킷의 바잉을 위해 이탈리아의 꾸뛰르 스튜디오를 직접 방문하여 패션쇼와 병행한 바잉을 진행하기도 했다. 이러한 경우에는 그 옷을 돋보이게 하기 위한 주얼리와 슈즈를 같이 매칭하여 모델이 갖추어 착용하고 제안한다. 럭셔리 비즈니스 브랜드를 위한 시장조사는 이와 같은 여러 가지 럭셔리한 문화 경험적 마켓 리서치를 동반한다.

아울러 럭셔리한 새로운 환경을 접했을 때 얼마나 여유 있게 대응하여 바잉을 진행할 수 있는지도 중요한 덕목이다. 즉, 시장조사를 통해 다양한 문화적 경험도 같이 동반하는 것이다. 협업을 위한 목적으로 시장조사를 진행하는 경우, 단일 조직으로만 하는 것이 아닌, 타 부서나 타 조직과 함께하기도 한다. 저자는 롯데 백화점 바이어 헤드 및 바이어들과 사만타 타바사(SAMANTA TABASA)라는 일본 브랜드에 대한 가능성 타진을 위한 현지 사전 조사 동행을 요청받아 함께 시장조사를 한 경험이 있다. 이때는 발렌타인 피혁디자인본부의 총괄 본부장으로 재직 중인 시점이었는데, 그들과 동행하여 자유로운 피드백을 요청받았다. 그리고 몇 년이 흐른 후 한국에 브랜드가 런칭된 것을 보았다.

그 외 마켓 리서치는 대행되는 경우도 있다. 현지 사정에 밝은 전문가에게 의뢰하는 경우이다. 이러한 협업 리서치는 다양한 시장분석을 위하여 여러가지 경로로 문의가 들어오게 된다.

크리에이티브적인 영감을 얻기 위한 목적으로 진행하는 마켓 리서치는 디자인 선행 플랜에 필수적이다. 영감에 대한 단서를 찾기 위한 목적으로 하는 경우, 인스피레이션을 얻을 수 있는 완전히 새롭고 역동적인 소위 뜨는 핫한 곳을 방문하기도 한다. 디자이너들은 일반적으로 전통적인 영감을 주는 유럽 명소의 국가들은 기본적으로 방문한다. 이탈리아, 영국, 프랑스는 럭셔리 비즈니스를 위해서는 필수적으로 방문해야 할 장소이다. 근래에 트렌드의 변화상에 민감하고 라이프 스타일 수준이 높고 신상품의 반응을 빠르게 피드백 받을 수 있는 테스트 마켓으로 한국, 서울이 트렌드 리서치의 필수적인 성지로 꼽혀 해외 트렌드 리더와 오피니언 리더들이 많이 방문하는 추세이다.

이처럼 다양한 목적을 가지고 진행하는 마켓 리서치는 공간의 이동을 통해 브레인스토밍을 하여 창의적인 발상을 하기 위한 여러 가지 방법의 시도 중 하나라 정의할 수 있다. 그런 측면에서 새로운 문화적인 경험에 대한 접근은 당연하게 여겨진다. 따라서 새로운 문화와 럭셔리한 요소들에 대해 항상 오픈 마인드로 접근해야 한다.

현재는 트렌디하고 고급스러운 요소들로 가득 찬 새로운 곳들이 많이 오픈되고 있지만, 해외에는 전통을 가지고 있는 럭셔리 숍과 레스토랑이 많이 있다. 저자는 이러한 곳에 자주 방문하고자 하여 문화적인 식견을 높이고자 하였다. 이때 항상 견지하여야 할 태도는, 추구하는 브랜드의 기본 철학과 가치관의 기조 아래 중점을 두어야 한다는 점이다.

모든 프로세스는 창조를 위한 자율성을 기반으로 하여 브랜드의 정체성을 반영하는 데에 포커스를 맞추며, 완성된 결과물을 염두에 둔 과정 중 하나임을 항상 주지하여야 한다.

마켓 리서치의 대전제는 거시적 안목을 가져야 한다는 것이다. 모든 참여자들은 사회 전반 변화에 대해 항상 주목하고 있어야 한다. 세부 변화의 움직임을 들여다보는 미시적인 리서치 역시 결국은 거시적 환경의 범주 안에서 벌어지는 것들이기 때문이다. 그러므로 일상적 사회 트렌드의 변화 동향에 대해서 항상 민감하게 따라가고 업데이트해야 한다. 작은 부분적 조각의 동향을 모아 큰 트렌드의 틀을 마련하여야 한다. 기획에 관련한 모든 참여자가 이러한 리서치에 항상 레이더를 켜고 있어야 한다. 사실 이러한 트렌드와 라이프 스타일 분석에 관한 자료는 항상 모두의 관심사에서 순위를 달리고 있다. 그러나 이러한 관점을 염두에 두고 생활에 체화하는 습관을 들이는 자세와 그렇지 못할 때의 결과물에는 많은 차이가 발생한다.

전략을 주관하는 헤드 기획 리더는 큰 범위의 정보를 조망한다. 크리에이티브 디렉터가 브랜드의 정체성을 표현하는 경우도 있고, 기획을 주관하는 머천다이징 헤드가 리드하는 케이스도 있다. 회사의 오너가 리드하는 경우도 많다. 이것은 기업 구조의 전략적인 상황과 연동될 수 있다.

저자가 직접 경험한 패션 브랜드의 오너의 경우에는 이러한 전략 상황에 비전을 제시하고자 하는 경우가 많다. 강건한 리더십이 있는 구심점이 있어야 전략의 끝 단위까지 메시지의 전달이 가능하다. 그리고 이러한 기획 초반부터 합심을 통해 같은 눈높이에서 목표를 바라보는 동일 목적의식이 있어야 결과물의 구현이 가능하다.

사실 일을 진행하다 보면 될 수 있는 가능성보다 안 되게 만드는 방해물들은 너무 까마득하게 많이 산재해 있기 때문이다.

MCM에 입사했을 당시 글로벌은 전무했었고, 글로벌로 만들자는 슬로건도 모두가 반신반의조차 하지 못하는 분위기였다. 그러나 저자는 오너와 동일한 비전을 가지고 업무에 임하고 결과를 구체화, 상품화했다. 한 번의 성공이라면 행운이고 우연이라고 할 수 있겠지만, 입사와 퇴사가 많은 디자인 조직에서 10년의 재직 기간 동안 글로벌화를 이루어 다양한 제품의 상품 디자인 등록으로 증명했고, 많은 경험을 습득했다.

럭셔리 분야는 폐쇄적인 프로세스가 많아서 분야와 부분이 집중되는 동시에 서로 고립되어 나뉘어 있는 경우가 많다. 해외의 럭셔리 브랜드에서도 디자인과 다른 분야가 많이 교차하지 않고 소싱이나 모델링 등 본인이 집중하는 분야에 매진하는 경우가 흔하다. 해외 다른 명품 분야의 머천다이징들이 전해 준 이야기들이다. 심지어 디자인사이드와 미팅을 진행하기도, 만나기도 쉽지 않다고 한다.

하지만 저자는 다양한 경험 속에서 일에 경중을 가리지 않고 맡아서 진행해 온 결과, 럭셔리 분야의 여러 해외 크리에이티브 글로벌 디렉터, 소싱, 공방, 머천다이징, 아이템, 제품 조합 공장, 마케팅 전략 기획 등을 아우르는 전반적인 프로세스를 관장하는 경력을 가지게 되었다. 그리고 해외에서도 처음에 변방의 아시아, 한국의 MCM에서 브랜드가 다시 라이징하는 것을 신기하게 여기었다. 이처럼 실전 경험의 한복판에서 디자인 기획과 제품의 메이킹까지 제안, 팔로우 업하여 쇼와 익스클루시브 리미티드 에디션 스토어 오픈 아이템, 플로우라인 디자인 등에 가리지 않고 매진한 결과라 할 수 있다.

예컨대, 처음 오스트리아의 스와로브스키에서 일본과 한국에서 동시에 스톤 오더량이 많이 세 배나 급등하여 큰 관심을 끌었다. 후에 다니엘 스와로브스키 가문의 오너가 직접 한국을 방문하여 한국에서 큰 호텔 쇼를 기획하여 행사를 진행할 때, 내가 직접 디자인한 크리스탈락 가방과 다이아몬드 라인을 대여해서 디스플레이 하고 스와로브스키 쇼케이스 진행을 했다.

한편 시장조사는 전반적인 트렌드의 조사와 세부 기획을 위한 조사로 나누어 생각해 볼 수 있다. 전반적인 트렌드는 사회의 동향과 브랜드가 타깃팅하는 소비자군이 속해 있는 부분을 포함하여 철학과 가치가 맞는 분야를 망라해 깊이 있는 조사를 진행한다. 조사에 대해 세부적인 옵션을 보자면, 오프라인과 온라인으로 구분할 수 있다.

오프라인에서의 자료조사는 다양한 인터넷 채널을 통해 이루어진다. 웹사이트와 인스타그램, 브랜드의 홈페이지를 방문하여 자료를 습득할 수 있다. 사실 이러한 정보는 현재 과부하를 일으킬 정도로 쉽고 흔하게 획득할 수 있는 가장 기본적인 것이다. 따라서 인터넷으로만 접속하여 자료를 스크랩하는 것에는 한계가 있기 때문에 별도의 시간을 분리하여 장소와 시간을 정하여 브레인 스토밍을 하기도 한다. 이러한 시간을 가지는 것을 기획 미팅이라고 한다.

세미나의 형식을 빌어 초청 연사를 섭외해 지식 습득의 장으로 활용하는 경우도 있다. 브랜드 기획을 준비하기 위한 팀원들이 상호 교류적인 시간을 가지는 미팅을 통해 크리에이티브적인 영감과 자극을 편하고 집중이 가능한 상태로 몰입하여 교류하는 시간을 통해 집약적인 아이디어를 창출하는 효과를 가지기도 한다. 항시 업데이트 되는 새로운 뉴스에 대한 정리는 시장조사 단계에서 브랜드의 코어 정신과 가까운 소비자의 동향과 새로 생긴 스토어와 인기 있는 뜨거운 반응들에 대해서도 별도 스크랩을 하여 놓으면 많은 도움이 된다.

2) 외부환경과 정보에 따른 트렌드와 인포메이션 분석

온라인과 오프라인의 정보 탐색을 통해 취합한 정보를 바탕으로 기회요인과 위협요인을 분석한다.

모든 정보는 분석을 통해 목적에 적합한 전략과 방향성을 추출할 수 있을 때 그 효용성을 가지게 된다. 이제는 흐르는 정보가 너무 방대하기 때문에 얼마나 목적에 적합한 정보를 타깃팅하여 가공한 후 전략적으로 활용하는지가 관건이다. 따라서 취합한 자료를 분석하여 전략을 세운 후 액션으로 옮기는 과정을 구축하는 작업이 제일 중요하다. 즉, 마지막 액션, 디시전 메이킹을 하기 위한 초석이 되는 초반의 기획 과정이라고 할 수 있다.

이를 위해 목표로 한 비즈니스 마켓에 속하는 경쟁사에 대한 정보 수집 차원에서 외부 환경을 다각적으로 분석한다. 취합된 정보를 베이스로 하여 선별과 분류를 진행하여 기준을 정하고, 포지셔닝 맵과 차별화 포인트, 우월성의 요소를 추출한다. 이 작업에서 취약점도 파악하여 보완, 체크를 해 보는 기회로 삼는다. 이러한 작업을 통해 참여자들의 눈높이를 맞추고, 의견을 교환하는 기회로 삼는다.

변화하는 동향에 대한 소비자군이 속한 라이프 스타일과 목표로 하는 소비자의 소비행동 양식 변화에 대한 세부적인 분석을 통해 의식 전반과 선행 행동의 변화 패턴까지 예측할 수 있다. 아울러 사회 환경을 이루는 다양한 분야의 트렌드 조사와 분석 과정을 거치면서 소비 주체의 변화도 이해할 수 있다. 동시에 목표 시장에 대한 디테일한 이해와 동시에 소비 주체를 명확화, 구체화, 세밀화하는 데 활용할 수 있다.

이러한 분석은 소비 구매 여정을 구체적으로 그리는 경우와 가치와 철학적인 관점의 라이프 스타일 전반에 대한 광의적인 태도에 대한 접근으로 분류할 수 있다. 그리고 목표로 하는 마켓에 따라 이러한 여정에 대한 구체화는 달라질 수 있다. 또 사회적 변화 동향을 파악함으로써 정부의 규제 완화 정책을 주시하여 마켓의 기회를 모색할 수 있다. 이러한 변화의 틀은 시장에 많은 기회 요소로 작용하기 때문이다.

라이프 스타일의 변화는 항상 염두에 두어야 할 강력한 분석의 단초가 된다. 시간의 분초를 쪼개어 생활에 활용하고자 하는 방식으로의 변화가 일어나고 있다. 그리고 여성의 사회진출 증가, 건강의식의 고조, 1인 가구의 증가 등 사회 변화상에 대한 이해를 통해 비즈니스의 기회를 포착할 수 있다. 이러한 사회의 트렌드 분석을 기반으로 발생 예측되는 불편함을 해소하기 위한 접근, 즉 네거티브한 측면의 분석을 통해 현재의 어려움을 해결할 수 있는 아이템을 개발하는 데 이용한다. 예를 들어, 여성전용 주유소, 1인 가족을 위한 여러 가지 서비스 등 다양한 사업 모델에 접근할 수 있다. 럭셔리 비즈니스에서는 하나의 비즈니스 포인트로 접근이 아니라, 근본적인 브랜드 위에 유동적인 사회상을 융합하는 접점으로 접근을 할 수 있다. 이것은 다른 차원과 다른 종류의 사업을 조합, 융합시키는 것을 의미한다.

패션은 인류의 삶에 있어서 라이프 스타일의 흐름과 불가분의 영역이다. 단순한 외형으로 보이는 심미적인 형태의 변화만 달라지는 것이 아니라, 라이프 스타일 변화에 따라 패션 구성 아이템 자체도 변화하게 된다. 실례로 포멀한 정장에는 전통적으로 정장용 구두를 주로 안배해 착장했으나, 기능성과 편안함을 추구하는 라이프 스타일의 변화 추세로 스니커즈 운동화가 다양한 버전으로 출시되어 다양한 룩에 매치되어 스타일링 되었고, 패션으로 소비되었다. 그리고 변화하는 동향의 분석을 통해 이러한 흐름들을 미리 감지하여 선 기획한 브랜드들은 큰 성공과 두각을 나타낼 수 있었다. 실례로 신흥 글로벌 럭셔리 브랜드로 트렌드를 이끌었던 MCM에서의 경험을 반추해 보자면, 글로벌 럭셔리 트렌드를 이끌고 큰 폭의 약진을 할 수 있었던 근원적인 원동력은 라이프 스타일 트렌드에 대한 분석이 근간이었다고 할 수 있다.

예컨대, 젠더플루이드(Genderfluid) 현상은 2023년 Z세대에게 익숙한 개념이다. MCM은 2013년부터 이미 유니섹스 라이프 스타일과 IT 기계의 사용으로 양손의 자유를 가지고 생활하는 글로벌 노마드에 대한 소비자 페르소나를 구축하여 글로벌 트렌드를 예견하고 브랜드를 혁신적이고 에너지 넘치는 이미지로 이끌었다. 이에 따라 양손의 자유를 추구하는 라이프 스타일을 근간으로 전략적인 키 룩을 패션 아이템으로 추출하였다. 수많은 종류의 가방 중에서 등에 메는 스타일의 백팩을 중요한 전략 스타일로 선정하였다. 동시에 모든 가방은 몸에 두르는 웨어러블한 스타일로 변형하고 탈부착이 쉬운 스트랩 기능을 추가하여 기능성을 강화하고 있다. 거기에 맞추어 신발은 구두를 대체하여 편안하고 이동성이 있는 스니커즈화를 아이템으로 선정하였다. 이처럼 유니섹스 라이프 스타일로 남성과 여성의 구분 없이 사용이 가능한 아이템으로 디자인을 제안하여 기존의 베스트 상품을 능가하는 신동력 상품으로 전환을 이끌었다. 동시대의 럭셔리 비즈니스 마켓에서 이러한 라이프 스타일의 제안은 지극히 혁신적인 제안이었다. 백팩은 기본적으로 학생들이 메거나 등산을 갈 때 사용하는 것으로 용도가 지극히 한정된 상품이다. 소재 또한 기능적이고 저렴하며, 가벼운 원단류가 일상적으로 적용되던 아이템이다. 이러한 평범한 아이템에 럭셔리라는 대극점에 위치하고 있는 콘셉트를 패션과 융합하여 아이코닉한 상품으로 새롭게 재탄생시켰다. 특히 화려한 스와로브스키 크리스탈과 볼드한 스터즈를 배치하여 젊은 에너지로의 전이와 이미지의 전복을 통해 유니크한 트렌드 리더들을 불러 모을 수 있는 계기를 마련하였다. 트렌드의 분석을 통해 비즈니스의 다음 전략 모델을 도출해 낼 수 있는 대표적인 사례라고 할 수 있다.

한편, 아직 국내에 존재하지 않는 비즈니스 모델을 외국의 선진 사례와 상황을 연구하여 기회를 창출할 수도 있다. 이 경우에는 분석한 비즈니스 모델을 들여오는 시기와 타깃팅한 마켓의 상황 변수를 고려하여야 한다. 그리고 이러한 비즈니스를 도입하여 오는 시장을 분석하여 기존 시장과의 균형, 시장의 성숙 상황을 고려하여 진행해야 한다.

그 외에, 뉴미디어나 기술이 새로운 기회를 제공할 수도 있다. 새로운 기술과 인프라가 함께 변화할 때 기존의 비즈니스 모델이 사라지고 새로운 인프라가 생성되는 경우가 있다. 이러한 변화를 항상 주시하며 사회변화 맥락적으로 이해하여야 한다. 새로운 기술적 접근을 통해 뉴 브랜드를 런칭한 대표적 케이스가 소노비(SONOVI)의 경우이다. 에스콰이어의 신규 전략 회사인 리드상사의 산하 신규 브랜드로 기획되었는데, 그 회사는 이 뉴 브랜드만 제외하면 모든 것이 수입 브랜드였다. 소노비 브랜드도 모 회사가 바뀌었음에도 아직 살아남아 있었는데, 그 당시 아주 선진적인 개념을 적용하였다. 소노비는 유한 킴벌리에서 디지털 텍스타일 프린트 기계를 사용하여 가방의 프린트에 적용하는 개념과 기술을 적용한 첫 번째 뉴 브랜드였다. 그리고 요즘 성수동에서 유행하는 '도시 재생'의 브랜딩 콘셉트를 선진적으로 적용한 브랜드였다.

소노비는 영국 런던의 100년 된 정육점이었던 공간을 리모델링한 장소에 플래그쉽 스토어를 오픈하였다. 그 인테리어를 그대로 살려서 제품과 같이 런칭하면서 영국 런던 쇼디치에서 한국으로 들여오는 전략을 구축하였다. 즉 영국 브랜드의 오리진을 가지고 한국으로 들여온 케이스였다. 이 런칭 시점이 2004년 5월이었으니, 23년 전의 스토리이다. 그 후 한참의 시간이 흐른 후, 젠틀 몬스터에서 2015년 5월 목욕탕의 인테리어를 그대로 두고 브랜드를 런칭한 콘셉트 플래그십 쇼룸 스토어를 오픈했다. 이 시점도 소노비 런던 오픈 후 9년이 지난 때이다. 소노비가 런던에 콘셉트 스토어 전략을 실행하고 9년이 지난 뒤, 한국 마켓에 콘셉트 스토어의 전략을 들여오는 시점과 잘 맞아떨어진 경우라고 할 수 있을 것이다. 소노비 오픈 당시 이 오리진 개념을 설명했지만, 그 효과나 가치를 조명하는 해설자의 눈높이가 맞지 않았다고 본다. 그리고 디지털 텍스타일 프린트를 사용하는 그래픽 디자인과 방법은 후에 MCM 글로벌 전략과 스페셜 프로젝트 중에 이탈리아 업체와 작업을 할 때 적용하여 콜라보레이션 디자인 작업과 시즌 소재에 모두 적용하여 큰 성과를 거두었다. 특히 아머(ARMOUR)라는 작은 징을 가방과 액세서리에 결합하여 스네이크 패턴과 골드 메탈 가죽을 조합한 실험적인 상품으로 큰 매출 반향을 이루어 내었다. 이러한 스페셜한 프로젝트들은 모두 기본적인 플로우 라인들과 병행하여 진행한 업무들이다. 기본이 잡혀 있으면서 그 위에 스페셜을 동시에 진행하였기에 브랜드의 핵심을 관통할 수 있었던 것이라 본다.

이처럼 개인을 둘러싼 환경의 개념으로 트렌드에 접근하여야 한다. 이는 전방위적인 관점이라 할 수 있다. 즉, 글로벌한 세계적 이슈와 지역적인 사건들, 사회에서 벌어지는 모든 일들, 그 안에서 벌어지는 개인의 관심사를 포괄한다. 그 주위를 파악하고 세부적으로 좁혀 나가는 흐름으로 분석을 진행할 때 패션에 대한 트렌드를 추출해 낼 수 있을 것이다. 패션이란 결국 소비자가 몸에 걸치거나 신고, 사용하는 일부분이기 때문이다. 기후에 대한 전망으로 다음 시즌에 대한 옷의 길이와 소재 두께를 예측할 수도 있고, 신발의 형태와 모양 등을 예견할 수도 있다. 경기의 흐름에 따라 컬러 반응을 예견하고 디테일한 재미있는 아이템으로 시선을 끌 수도 있을 것이다.

3) 세부 데이터 리서치

광의적이고 사회과학적 관점에서의 트렌드 조사를 선행하여 전체적인 흐름을 파악했다면, 직접 상품에 적용가능한 세부적인 항목에 맞는 조사를 병행하여야 한다. 이 과정은 사전 조사하는 항목을 좀 더 구체화하고 카테고리 목적에 맞는 실물에 적합한 조사를 해 나아가는 과정이다. 적용하고 개발하고자 하는 제품과 매칭을 해나가는 과정이라고 할 수 있다.

이 단계부터는 예술적이고 크리에이티브적인 표현 방식, 디자인과 소재, 물성에 대한 다양한 테크닉 연구, 메이킹의 차별적 특징의 단계를 표현되는 범주와 밀접한 관계를 지니게 된다. 브랜드의 정체성을 결정지을 수 있는 테크닉과도 연결되는 단계라고 할 수 있다. 이러한 단계에서 브랜드의 철학과 가치에 대한 신념도 같이 연동될 수 있다. 그러한 관점에서 볼 때 럭셔리 비즈니스에서는 이러한 과정이 아주 중요하다. 제품의 퀄리티와 공예적인 차별화된 디테일 특성을 발현시킬 수 있는 단계라고 할 수 있다. 안정되고 고품질의 공급망을 수배하는 인프라에 대한 조사도 여기에 포함된다. 럭셔리의 근본을 이루는 제품의 속성이 이 단계에서 발현되고, 럭셔리 비즈니스에 있어서 퀄리티의 컨트롤이 중요하기에 이 과정의 조사가 세부적으로 이루어져야 한다. 안정되고 전통성 있는 꾸준한 품질을 유지하고 혁신적인 기술을 보유한 라인을 유지할 수 있느냐가 럭셔리 비즈니스 브랜드의 속성을 결정하기도 한다.

럭셔리에서 가치를 구현하는 방법은 브랜드 고유의 정체성을 유지하면서 예술적 확장성을 상품성과 결합해서 넓혀 나가는 행위이다. 이러한 것을 제품화하는 방법에는 안정된 공급 자원의 유지가 매우 중요하다. 그리고 그러한 유래가 브랜드의 기원을 결정하는 지침이 되기도 한다. 안정된 공급 자원은 주로 제품의 기본을 이루는 기초적인 소재 수급의 안정성과 뚜렷한 차별성을 나타내는 공예적인 테크니션 공방의 유지를 의미한다. 이러한 공방을 하우스 아뜰리에라고 표현하기도 한다.

럭셔리가 공예적인 희소성을 유지하기 위하여 장인들이 스페셜한 테크닉을 제품에 적용하고 전승하는 방법은 굉장히 폐쇄적인 방법으로 비밀스럽게 이루어진다. 이러한 폐쇄성은 럭셔리의 근본 소통과도 직결이 되는 면이 있다. 꿰매고 재단하고 실물화하는 작업뿐만 아니라 하드웨어의 개발 라인 또한 이에 포함된다.

이탈리아의 하드웨어 개발 공장 라인의 공방 안에는 하이 꾸뛰르 라인을 위한 별도의 개발 룸이 따로 마련되어 있는 곳도 있다. 실제로 이탈리아에 샤넬 하드웨어를 개발하는 공장을 직접 방문한 적이 있다. 밖에는 일반 샤넬 장식을 생산하는 곳이었고, 이러한 공장을 사실 절대 오픈하지 않는다. 그러나 특별한 케이스로 생산 라인도 보게 되었고, 그 안에 또 잠겨 있는 방으로 안내를 받았다. 그 작은 방에서는 샤넬의 가장 예술성 있는 고가 라인인 꾸뛰르 라인의 장식을 생산하고 있었는데, 장인은 한 명만 있었다. 그 사람만이 그 기술을 가지고 있는 장인인 것이다. 수작업으로 진행되는 공정으로 이루어지는 방식이었다. 물론 이러한 공방이 여러 군데가 있을 것이나, 이때 방문한 곳은 가장 특별한 장소였다. 사진 찍는 것도 금지되어 있으나 특별한 친분을 통해서 사진 촬영도 했고 환대를 받았다. 이렇게 특별한 곳을 제외하고 레이블에 따라 생산처를 이탈리아나 프랑스뿐만 아니라 중국, 일본, 태국, 인도, 한국, 대만과 여러 글로벌 소싱처를 통해서 다양한 단계의 소재 리서치를 병행한다.

소재의 소싱을 진행하는 단계도 글로벌 그물망 조직으로 연결되어 있다. 이러한 소싱 조직은 한 브랜드에 여러 개의 분리된 별도의 조직이 존재한다. 서로 개발하는 소재의 정보를 공유하지 않은 채 경쟁적으로 개발을 진행하게 된다. 예컨대, 루이 비통이 그런 경우이다. 한 가지 소재가 선택될 경우 그 팀에 돌아가는 보상이 매우 크기에 집중적으로 이러한 개발이 철저하게 관리되어 이루어진다.

이러한 단계와 단계를 거쳐서 취합된 모든 정보를 망라하여 그 중에서 선택된 소수의 아이템을 집중적으로 품질관리에 들어간다. 심지어 가죽을 공급하는 테너리 공장을 구매하여 관리하기도 한다. 일반 브랜드들이 하는 것처럼 수급되는 일부의 가죽을 오더해서 사용하는 것이 아니라, 럭셔리 브랜드들은 특수 악어피가 필요하면 아예 악어 농장을 구매해서 관리에 들어간다. 하이 클래스의 가죽은 럭셔리 브랜드 고유의 소재로 수급이 되기 때문에 다른 브랜드에서는 소재에 대한 접근도 어려운 상태가 된다. 예컨대, 에르메스 같은 경우 일반 가죽도 그런 식으로 관리한다.

이렇게 럭셔리 비즈니스에서는 소재에 대한 출발이 너무나 중요하고, 따라서 이러한 환경의 럭셔리 비즈니스 마켓에서는 신생 브랜드가 독보적으로 성공하는 케이스도 드물다. 럭셔리 브랜드들은 등급이 높은 고퀄리티의 가죽을 선점하는 경우가 많다. 미리 원피부터 수급을 계약하는 경우가 다반사이고, 그 후에 나머지 등급의 가죽이 일반 판매용으로 풀리는 경우가 많다.

이런 환경이고 보니, 예컨대, MCM처럼 디자인과 콘셉트의 혁신적인 전복으로 럭셔리 트렌드를 이끈 사례는 유례를 찾기 힘들다.

특수피를 구하고 싶더라도 이탈리아에 몇 장 발주하여 활용하는 것과, 아예 특수가죽 농장을 사버리는 기존 럭셔리 브랜드와의 경쟁은 출발선부터 다른, 기울어진 운동장 위의 게임이었지만, 이 핸디캡을 아이디어와 혁신적인 창의성으로 커버한 것이다.

MCM에서 접근한 방식은 저자가 UNISEX와 여성을 리드할 때 혁신적인 조합의 새로움을 추구해서 나타난 결과였다. 아이디어를 내어 리드하고, 사고가 발생하지 않게 테스팅하여 메인 상품으로 연결하기 위해 스케줄 안에서 일사분란하게 노력하며 움직인 것이다. 예를 들어, 메탈 가죽을 사용할 때 스크래치나 까지는 것은 일반가죽도 항상 발생하는 이슈이다. 그러나 이러한 것을 방지하기 위하여 엠보라고 하는 두꺼운 경판을 사용하여 스크래치를 줄이고 거듭 테스팅 하여 마모 효과를 검증하고, 강력하고 가죽의 물성을 유지하는 수입 가죽들을 생산 기한 내에 맞추어 생산, 공급시키는 역할까지 가이드를 주는 리드를 하였다. 이러한 일련의 작업은 재료의 물성과 메이킹의 과정에 대한 이해, 그리고 생산자와의 신뢰에 기반해야 가능한 일이다. 또 수입하는 실의 두께와 가죽을 재단한 후에 바르는 기리메 약의 횟수와 거듭되는 공정에 대한 것까지 다양하고 세심한 부분에 관해 가이드와 컨펌 결정이 필요하다. 재단 후 어느 부분에 어느 정도의 보강재를 부분적으로 보강을 하여야 신체에 부담을 덜면서 항구적인 견뢰도를 가지는 형태를 구축할 수 있는지도 관건이 된다. 수급이 불가능한 자재의 경우에는 단기간에 국내에서 수급이 가능한 자재만을 가지고 럭셔리한 효과를 내기 위한 이펙트 효과도 동시에 개발하여야 한다. 아울러 이전에 디자인 개발을 하여 그것을 적절한 시점에 프리젠테이션 하고, 대부분의 사람이 만족하는 것이 결과물로 구축되어야 한다. 이미지도 만족이 되어야 하고 결과물이 매출로도 연결되어야 하는 고난이도의 밸런스를 맞추어야 하는 작업이다.

한편 품질과 제품의 외형을 구분 짓는 특성과도 연동될 수 있기 때문에 꾸준한 전방위적인 트렌드의 조사와 함께 제품 공급라인의 안정성과 품질의 균등한 유지가 동시에 이루어지도록 한다. 럭셔리 비즈니스는 이 부분에 많은 투자를 하여 비즈니스를 진행한다. 그리고 특정 개발 이슈를 포함한 모든 개발 건과 브랜드와 관련 자료는 치밀하게 정리하여 헤리티지 컬렉션으로 보관한다. 이러한 자료의 적층 작업 아카이빙을 통해 브랜드의 히스토리를 강화한다. 럭셔리의 근본 속성과 연동되는 단계라고 할 수 있다. 해외에 위치한 럭셔리 비즈니스 브랜드의 박물관들은 이러한 자료와 실물 샘플들의 취합의 결과물과 그 히스토리를 기념하는 곳이라고 할 수 있다. 결국 세월과 비례한 지속적인 투자를 통해 쌓인 기술의 결과물이라고 할 수 있다.

럭셔리 비즈니스 브랜드는 고유의 비전과 브랜드의 철학에 따른 방향성을 향한 거듭된 노력의 결과물들을 통해 브랜드만의 고유 정체성과 노하우를 쌓아간다. 페라가모, 구찌 등 많은 브랜드들이 박물관이나 서점, 아뜰리에 등을 운영하고 있고, 이러한 거점 시설을 주요 도시에 넓혀서 확장해 나가는 추세이다. 이러한 작업도 브랜드 소개이자 고객 경험의 일환이라고 할 수 있다.

현대에는 ESG경영으로 환경문제와 연동되어 사용하는 소재를 바꾸는 체질 개선에 들어가는 기업들도 많다. 결국 많은 비즈니스 이슈들과 동향이 사회 트렌드의 광범위한 변화 동향에 좌우된다고 할 수 있다.

2. 기획과정 Brand Building
: 브랜드 중심의 전략 구축

1) 브랜드의 철학과 가치관 확립

브랜드의 철학과 가치관에 대한 확립은 정체성과 방향성을 나타내는 핵심적인 메시지를 의미한다. 변하지 않는 근본가치에 대하여 정립하는 것이 무엇보다 중요하다. 가치 정립은 모든 커뮤니케이션의 근간이자, 세부적으로는 디자인을 포함한 모든 표현의 총체이다. 오프라인 매장, 홈페이지의 분위기, 구성원들에 대한 인적인 매니지먼트 등 모든 요소에 일관성으로 아우르고자 노력해야 한다.

그 철학을 구심점으로 하여 확장된 범위의 브랜드 성장, 구성원들의 행동반경, 철학과 가치관에까지 영향을 주게 된다. 그러므로 단순하고 강력한 힘을 가지는 키워드나 문장으로 정리된 변하지 않는 불변의 가치관 정립이 중요하다. 일관성 있는 메시지로 통일감을 발휘하게 될 때 그 가치와 철학이 외부로 바르게 전달될 수 있는 힘이 더욱 커지게 된다.

철학과 가치관을 염두에 두고 접근하는 행위와 그렇지 못한 행동과는 결과적으로 많은 차이를 가져오게 된다. 모든 비즈니스와 런칭 과정은 다양한 프로세스를 거쳐서 결과물을 이루기에 협업을 기본으로 하는 것이라 할 수 있다. 그렇기에 초창기의 런칭 프로세스일 경우에는 더더욱 가치관을 단일 메시지로 통합하는 행위가 중요하다. 같은 색을 표현하는 것, 같은 소리를 내는 것 역시 정체성 확립과 하나의 맥으로 통한다. 핵심 메시지는 간결함을 기본으로 한다. 간결할수록 전달과 전파에 있어서 흔들림과 혼선이 적어진다.

2) 브랜드 로고와 심볼을 반영한 콘셉트 기획

비전과 철학은 럭셔리 개별 브랜드의 모든 과정에 초석으로 자리 잡아야 한다. 단단한 초석으로 정신적인 가치를 확립하고 그 위에 세부적인 브랜드의 방향성과 포지셔닝, 페르소나적인 개성을 확립해야 한다. 경쟁하고자 하는 비즈니스 마켓에 대한 분석을 진행하여 차별화할 수 있는 독보적인 우월성을 찾아 소비자에게 공략이 가능한 지점을 포착하도록 한다. 브랜드의 전체적인 지향점, 그 분위기를 아우르는 라이프 스타일을 반영하는 모델의 페르소나를 확립하여 이미지를 구체화하는 것이 좋은 방법이다.

페르소나는 브랜드의 정체성을 구분 짓는 뮤즈라고 연상하면 된다. 이 페르소나는 소비 주체로서가 아니라 브랜드의 정체성을 의미하는 것이어야 한다. 이러한 무드 안에서 주요 콘셉트 기획, 소재 기획, 하드웨어 기획 등 세부적인 작업들이 후속 조치 되어야 한다. 이러한 영감을 주는 원천적인 브랜드의 페르소나는 현대 비즈니스에서 타깃으로 삼는 소비자 페르소나와는 확연히 구분된다. 콘셉트 기획 시에 브랜드의 철학과 가치를 가장 잘 표현할 수 있는 것을 최우선으로 확립하여 나가야 한다. 큰 범위에서 작은 범위로 범주를 좁혀 나가는 플랜 작업으로 유도하는 것이 좋다.

결국 무형의 철학과 가치는 직접적으로 어떤 방식으로든 상품으로 구현되어야 하기 때문이다. 이는 콘셉트를 정하고 제품 설계까지 연계되는 일련의 행위를 의미한다. 브랜드의 가치관과 철학을 기반으로 콘셉트를 구체화하여 정리하고 고객과의 공감과 상상력을 통한 개념화를 진행하는 것이다. 바라고 지향하고자 하는 결과물에 의도를 반영하는 모든 행위를 의미한다. 다른 브랜드와는 차별화되는 우월적인 측면을 제품에 발현하는 단계를 구체화하는 것이다. 이 부분에 대하여 다음의 표를 참고해 관계를 정립하여 이해를 도모하고자 한다.

어떠한 철학과 특징으로 브랜드의 성격을 규정짓느냐에 따라 각 세부 액션들의 비중이 달라질 수 있다. 제품의 퀄리티를 중요하게 강조하는 브랜드라면 특징적인 퀄리티를 어느 부분에 강조해서 전달할 것인지에 대해서 시간과 연구와 재화가 필요할 것이다. 메이킹 테크닉과 기법에 대해서 심화가 필요하다면 이 부분에 대한 강조와 이에 따르는 연구가 같이 선행되어야 한다. 예를 들어, 에르메스의 경우는 최고급 퀄리티의 메이킹과 가죽 소재를 수급하기 위한 노력을 메이킹 공방을 메종화하여 진행하고 있고, 프랑스산 최상위 소가죽을 선별하여 같은 레벨의 가죽을 원활하게 공급받아 사용하기 위해 테너리 가죽 공장을 소유하고 있다.

예컨대, 메이킹 테크닉의 경우 보테가 베네타의 경우는 가죽을 재단하여 엮는 기법을 활용하여 대표적 아이코닉 속성으로 위빙 테크닉을 사용하고 있다. 브랜드 전체의 일관성 있는 대표 테크닉으로 정체성과 럭셔리를 대변하고 있다. 수공예적인 장인의 공예적인 테크닉을 활용한 대표적인 사례라고 할 수 있다. 심볼이나 장식에도 엮는 디테일을 반영하고 있다.

소재의 경우, 철학과 가치관을 반영하여 대표할 수 있는 상징성을 포괄하는 브랜드의 BI와 심볼을 활용하여 진행하는 경우가 많다. 브랜드의 명확한 메시지 전달과 가시성, 차별화, 심미적인 효과를 고려하기 위하여 반복적인 디자인 방식, 통일성과 컬러를 일관성 있게 전달하고자 노력을 기울인다. 차별화와 가시성을 효과적으로 전달하기 위하여 브랜딩을 제품화에 반영할 때 로고와 심볼을 숙고하여 활용한다. 그리고 브랜드의 철학과 기본 속성에 따라 달라지겠지만, 많은 소재를 제안하는 것보다는 한가지 중심 소재를 정하여 개발과 연동시켜 영속성 있게 사용하는 것이 브랜드의 가치를 표현하는 데도 중요하다.

브랜드의 로고와 심볼은 브랜드의 철학과 성격을 반영한다. 로고를 패턴 그래픽화 하여 반복 작업을 통해 강화하기도 하고, 때로는 심볼을 강하게 표현하기도 한다. 이것은 브랜드의 성격과 철학, 페르소나에 따라 다르게 선택되어 표현이 가능하다. 어떠한 이미지와 느낌을 전달하느냐에 따라 로고와 심볼의 디자인적인 형상이 달라질 수 있다. 이러한 것들도 트렌드의 영향을 받는다.

3) 포지셔닝 & 경쟁사 분석을 통한 세부 분석

브랜드의 정체성을 규정할 때 해당 비즈니스 모델이 실제 마켓에서 생명력을 가지기 위해서는 이미 구축된 마켓에 대한 연구가 필요하다. 지향하는 브랜드가 추구하는 바에 따라 차별화 포인트를 정립하여야 한다. 브랜드가 자리 잡을 수 있는 틈새와 공간이 존재하는지 검증하는 과정 중 하나라 할 수 있다. 브랜드의 런칭과 함께 지속성과 생명력의 영속을 위해서 기존 환경에 대한 탐색은 필수적이다. 진입하고자 하는 비즈니스 환경에 대한 사전 분석 과정이며, 이미 마켓을 선점하고 있는 경쟁사를 분석하여 그 경쟁사와 준비하는 브랜드가 어떠한 우월성과 차별화하는 포인트가 있는지를 찾기 위한 노력의 일환이다.

선택한 비즈니스 마켓에서 우월성이 무엇인지, 고객에게 전달할 수 있는 가치는 무엇인지에 대해 상대적인 시각으로 다층적인 시뮬레이팅을 해 보는 기법 중 하나이다. 이러한 시도를 통해 런칭하려는 브랜드가 가지고 있는 속성과 본질에 대한 파악과 함께 강점과 약점을 추출해 볼 수 있다. 그리고 과정 진행을 하여 경쟁우위가 무엇인지 핵심역량을 도출할 수 있다.

포지셔닝은 잠재 소비자 고객의 마인드에 브랜드를 스스로 차별화하여 위치시키려 하는 것이다. 중요하게 생각하는 여러 가지 기준 지표를 활용하여 다면적으로 시도한 후 결과치를 표준화할 수 있다. 사고와 시각을 객관화하여 보는 과정이다.

Extra High-End	HERMÈS
High-End	CHANEL, LOUIS VUITTON, GOYARD
Prestige	Dior, FENDI, BOTTEGA VENETA, CELINE
Premium	PRADA, GUCCI, SAINT LAURENT, BURBERRY, LOEWE
Old Core	VALENTINO, Alexander McQUEEN, Salvatore Ferragamo, Chloé, Mulberry
Young Core	Maison Martin Margiela, BALENCIAGA, miu miu, THOM BROWNE., JIL SANDER, LEMAIRE
Every Day	COACH, TORY BURCH, MICHAEL KORS, MARNI

2021년 명품 계급(출처: 트렌비)

명품백/의류 계급도

4) 페르소나 구축(Persona Building)

브랜드의 페르소나(Persona)는 목표 집단의 다양한 사고를 위한 지향점의 지점을 구체화하는 것이다. 그 지점을 유형화, 인격화하는 작업이라 할 수 있다. 스토리텔링을 통한 몰입과 세계관을 구축하는 데 있어서 페르소나의 확립은 현대 비즈니스에서 더욱 중요해지고 있다. 럭셔리에서 페르소나는 이상적인 세계관, 뮤즈를 제시하는 면에서 일반적인 브랜드와는 다른 성격을 지닌다.

페르소나 확립은 해당 브랜드가 추구하는 이상향적인 세계에 라이프 스타일을 가진 인물에 대한 구체화를 통해 창조적인 영감에 관한 이미지를 투영하는 과정이라 할 수 있다. 럭셔리 브랜드의 가치관을 반영한 이미지를 형상화하여 브랜드의 철학을 추구하는 고객에게 럭셔리 브랜드의 뮤즈를 인격화해서 제시하는 역할을 한다. 이러한 측면에서 럭셔리 브랜드의 철학과 뮤즈는 긴밀하게 연동되는 경계 안에서 성장하는 브랜드의 자아상이라 할 수 있다. 불변하는 브랜드 철학, 가치관의 기조 안에서 럭셔리 브랜드의 페르소나이자 뮤즈는 생동하면서 성장 지향적인 캐릭터라고 할 수 있다.

이 부분에서 일반적으로 통용되는 브랜드의 페르소나와는 확연한 차별점을 가진다. 일반적인 브랜딩에서의 페르소나와는 다르다. 즉, 럭셔리 브랜드는 브랜드의 세계관에서 살아 숨 쉬는 워너비 페르소나인 뮤즈가 존재하고, 목표 고객을 위한 세부 페르소나는 마케팅적인 관점으로 활용한다.

페르소나를 구축하는 작업은 브랜딩에 있어서 두 가지로 성격적인 분류가 가능하다. 첫째, 럭셔리 브랜드의 워너비 이미지를 구체화하는 뮤즈를 설정하는 경우가 있다. 둘째, 고객에게 집중하는 방법이다. 고객 페르소나를 구체화하여 세밀하게 타깃팅 하는 작업에 이러한 분석 구축 방법을 흔하게 사용한다. 섬세하고 디테일하게 구축한 페르소나는 브랜드와 공유하는 고객 체험의 여정과 연동하여 다양한 시뮬레이션에 활용된다. 이 과정에서 소비자의 정체성을 기술적으로만 분석하는 것은 경계하여야 한다. 그 이유는 소비자의 정체성이 상황에 맞춘 다원화적이고 복합적인 심리상태의 모습일 경우가 흔하기 때문이다.

현대인들은 진정한 자아의 정체성을 그 다양한 상황적인 가면 안에 숨긴 경우가 많다. 이러한 복합적인 상태보다는 본질에 집중하여 핵심을 리딩할 수 있는 강력한 페르소나를 구축하는 것이 중요하다.

일반론적으로 페르소나(Persona)는 중국의 변검 배우가 상황에 따라 마스크를 바꾸어 대처하는 것처럼 한 자아 안에 여러 가지 다른 상황의 모습이 있는 것을 의미한다. 상황에 맞추어 그때그때 적절한 가면을 쓰는 것 같은 행위를 나타낸다. 사회가 관계적인 복잡성을 가짐에 따라 인간의 다원성 역시 그에 맞추어 다양한 변화를 하게 되는 자연스러운 수순을 밟는다. 그러나 급격한 다원화로 인하여 복잡한 상황에 맞추는 변화를 가지는 상황에서 개인 정체성의 중심은 약화되는 추세이다. 주변 환경에 적응하다 보니 자신의 진정한 자아를 잃어버리는 경우가 많고, 어느 자아상이 본인의 진짜 모습인지가 혼란이 오게 되는 복잡한 상황이 연출되는 것이다.

칼 구스타프 융 박사는 인간이 천 개의 페르소나를 가지고 있고, 이를 상황에 맞게 쓴다고 하였다. 페르소나는 다양한 인격을 구축하는 것으로, 메타월드가 현실과 병존하는 세태에 더욱 복잡다단하게 진행되고 있다. 이때 한 가지 강조하고자 하는 것은 럭셔리에서의 페르소나는 일반적 브랜드나 심리학적으로 언급하는 개인적 자아상의 단면 중 하나와는 다르다는 점이다. 럭셔리의 페르소나는 뮤즈이고 추앙하고자 하는 대상이지, 소비자를 분석하여 타깃팅한 지점이 아니다. 이것이 일반 브랜드와는 차별화되는 럭셔리 페르소나의 접근법이다.

럭셔리에서 일반적인 페르소나와는 다른 개념이 존재하는 것에 대해 알기 위해서는 럭셔리의 기본 설립 가치에 대해 이해해야 한다. 물론 위에서도 기술했다시피, 럭셔리 브랜드에서도 고객을 분석한 페르소나를 사용하지만, 그것은 지엽적이고 더 나은 비즈니스 모델과 로열 고객그룹을 만들기 위한 분석으로 활용될 뿐이다. 럭셔리 비즈니스 브랜딩의 현장에서는 사회의 변화적 맥락과 연동하여 다변화하는 모습을 반영하는 유연한 커뮤니케이션이 필요하다. SNS 시대에 모듈형 방식을 통하여 유동적으로 정체성을 업데이트 하면서 유랑하는 노마디즘적인 사고를 보여준다. 이것은 온라인 공간에서의 다중자아를 의미하며, 자유롭게 트랜스하는 아이덴티티 자아상이라고 할 수 있다.

여기서 모듈형이라는 부분에 주목하여야 한다. 이것은 다양한 조합이 가능하다는 의미이다. 이러한 다양한 모습은 개방형의 프라이버시 중심 커뮤니케이션 플랫폼에서 강화되어 나타난다. 이것은 목표로 하는 소비자에 대한 공감을 바탕으로 하는 공동정서를 대표한다. 그리고 현대 소비자를 분석하는 방식중의 하나이다. 디지털 허언증과 느슨한 연대, 그러나 느슨한 형태의 연대를 통해 솔직한 모습을 드러낼 수 있기에 이러한 공간이 중요해지고 있는 추세이다.

패션 산업계에서 사회의 동향이 반영되고 있는데, 이에 따라 페르소나에 대한 관심과 분석도 증폭되고 있다. 이러한 반증으로 알렉산더 미켈레는 구찌(GUCCI) 2019 F/W콜렉션과 패션쇼에서 페르소나를 주제로 진행하였다. 인간과 이성에 대해 다양한 가면을 착용하고 생활하는 페르소나로 구축된 인격화를 제시하였다. 세상에서 가장 맥시멀한 의상을 착용하고 젠더 플루이드적인 부분과 함께 연출되어 사회적 변화상과 관련한 브랜드의 재해석을 가미한 관심사를 표현하였다. 그리고 이러한 세계관에 많은 고객들과 프레스들이 관심을 표하였다.

이러한 흐름을 읽고 주제로 선정하여 그것을 제품에 반영해 세계관으로 표현하는 것이 럭셔리의 역량이라고 할 수 있다. 이러한 세계관은 사이보그적인 것과 연결되어 미래지향적인 브랜드의 독특한 심미적 세계관을 제시하였다. 한 시대에 큰 반향을 일으킨 미학적인 패션은 사회상과 연동되어 있다는 증거이기도 하다. 그리고 다른 브랜드와는 다른 본연의 브랜드 세계관에 집중하여 새로움을 제시하였다는 측면이 높이 평가받는다. 매출의 추이를 분석해 보더라도 확연히 드러나는 점이다. 즉, 차별화와 전복이 없는 패션은 럭셔리에서 리딩을 할 수 없다는 반증이기도 하다.

젠더 프리 트렌드, 젠더 뉴트럴은 현재 세상의 변환과 더불어 큰 트렌드적 움직임이다. 이것은 개인의 취향에 따라 자유롭게 변하는 젠더 정체성을 의미한다. 페르소나의 지점에서 이 경향은 중요한 화두이다. 화장하고 단장하는 남자, 여자는 탈 코르셋 현상을 향유하고 있는 지가 오래되었으며, 이것은 젠더의 구분이 패션에서 더 이상 의미가 없다는 것을, 젠더가 섞이는 유동적인 것을 의미한다. 그것을 젠더 플루이드로 표현 정리한 것이라 할 수 있다.

MCM에서 재직 당시 2011년부터 젠더 플루이드 페르소나를 전망하였다. 디자인 디렉션 유니섹스 팀의 팀장으로 팀을 책임지며 백팩을 중심으로 한 유니섹스 라이프 스타일을 창조하여 이에 대한 세부 카테고리를 만들었다. 물론 포멀한 남성을 위한 제품 디자인도 동시에 기획하였지만, 그 라인도 근본은 트렌드와 기능성, 젠더 플루이드에 가치를 두는 새로운 남성상을 이미지 구축하여 염두에 두고 디자인 기획을 진행하였다. 남성도 여성도 아닌, 모두를 포괄하는 유니섹스 라이프 스타일을 향유하는 페르소나를 정립하여 그 자아상이 즐기는 것에 대하여 아이템으로 확장을 도모하여 디자인을 제시하였다. 즉 페르소나의 확립을 구체화하여 제품의 디자인과 아이템까지 맥락을 같이하는 브랜딩을 구축하는 측면에서 이러한 페르소나의 확립은 중요하다.

백팩의 라이프 스타일은 힙색을 포함한 스포츠 바이브와 연동하는 액티비티한 아이템으로 카테고리를 정립하였다. 거기에 모자는 캡을 기본으로 하고, 가죽 라이더 재킷을 매치하며, 슈즈는 스니커즈를 착용한 토털 룩을 완성하였다. 그리고 이 라이프 스타일을 TPO에 맞는 상황을 가정하여 제품의 기능과 전략적인 방향성을 기획하였다. MCM의 브랜드 헤리티지 안에서 새롭게 부상하는 페르소나를 구축하여 성장시킨 것에 의의가 있다고 할 것이다.

2023년인 현재 이 젠더 플루이드 트렌드는 MZ세대를 아우르는 큰 마켓으로 성장하고 있으며, 2012년을 되돌아봤을 때 이 동향을 미리 전망하여 구축했다는 측면에서 패션 비즈니스 마켓을 리딩하였기에 MCM의 백팩(Backpack)이 카테고리 킹으로 성공을 이끌 수 있는 자연스러운 흐름이 되었다고 할 수 있다. 백팩이라는 아이템이 중요한 것이 아니라 양손의 자유를 획득하게 하는 아이티 테크놀로지와 밀접한 라이프 스타일을 전망하여 이루어 낸 성과라는 점을 주목해야 한다. 한 아이템을 가지고 200가지가 넘는 디자인 변형과 확장형 디자인을 만들어 낸 결과이며, 글로벌 고객의 매출 호응이 있었기에 이루어 낸 결과라 할 수 있다.

패션에서 소비 형태가 필수적인 용품에서는 가성비를 철저하게 따지는 실용적인 면에 집중하는 형태가 대두되고 있다. 그러나 동시에 외형적인 모습을 강조하는 장소에서는 프리미엄과 과시적인 부분을 강조하는 형태의 양면적인 소비 형태가 발현되고 있는 추세이다. 이것을 야누스적인 소비 형태라고 한다. 럭셔리는 출발과 기원 자체가 실용적이지만, 소중하고 특별한 것에서 시작되었기에 이 부분에 집중하여 페르소나의 구축에 반영하여야 한다. 그리고 럭셔리 비즈니스는 이러한 경향적 측면으로 인해 더욱 시장성이 있는 마켓이라고 할 수 있다. 인간의 욕망을 자극하는 비즈니스이고, 기본적인 패션이라는 아이템이기에 이 부분에 집중하는 것이 중요하다.

진정한 페르소나의 모습을 찾기 위한 사고의 모색은 진정한 자아의 모습에 대해 접근하는 양상이 취향을 발현시키는 데 영향을 주고 있다. 이러한 경향은 메인 직업 외에 부수적인 창업의 형태까지도 연결되는 추세이다. 취미와 직업을 결합하는 원데이 클래스 체험을 진행하여 선호 취향을 시뮬레이팅 해보는 시간을 가져 보기도 한다.

가상세계에서 나를 표현하는 데에 있어서 현실과 다른 다중자아의 모습을 취하는 경우는 흔하고 익숙하다. 자신을 캐릭터화하는 트렌드는 증강현실에서 내 이모지를 만드는 것으로 연결되고 있다. 자신을 표현하는 개인화된 굿즈를 만들어 소장 욕구와 자아 확장의 기능으로 연결된다. 자아를 대변하는 아바타를 만들어 사진 대신 사용하기도 한다. 럭셔리에서는 이 부분에 집중하여 미러링 월드에서 동시에 제품을 판매하는 기회를 모색하기도 한다.

브랜딩 구축에서의 페르소나는 타깃으로 삼은 가상의 인물을 구체적으로 설정하고 그 생활상의 과정을 자세하게 묘사하여 소비하는 포인트와 양상, 문제점 등을 발견하는 장을 형성하여 시뮬레이팅하고자 하는 목적을 가지고 있다. 가상의 소비자 형태에 대해서 자아의 대입과 이입의 과정을 통해 공감하고자 하는 노력의 일환이라고 할 수 있다. 라이프 스타일, 나이와 젠더, 사회적인 위상, 경제적 위치, 취미와 정치 경향, 공급하고자 하는 서비스를 어떠한 방법으로 소비하는지 소비자의 구매와 활용 여정을 시뮬레이팅하는 것이다. 이러한 모든 행동은 페르소나 구축의 접근을 통해 커뮤니케이션하고자 하는 소비자를 명확하게 규정하고 타깃을 좁히는 데에 그 목적이 있다.

전통적인 우아한 여성미의 워너비 페르소나를 가지고 있는 것은 샤넬(CHANEL)이다. 여성에게 브랜드의 시초인 디자이너 코코 샤넬의 품위와 우아함, 당당함을 구체적으로 구현하여 전달하고 있다. 이 페르소나는 디자이너의 스토리와 함께 아주 강력하게 구축되어 샤넬이 전달하는 무드와 뉘앙스, 코드, 테크닉, 향수로 대변되는 향기까지 라이프 스타일로 체화되어 확실한 로열 팬덤을 구축하고 있다. 시간의 흐름을 벗어난 가치와 현대적이고 독립적인 여성의 상을 뮤즈로 하고, 항상 우아한 여성미를 잃지 않는 여성상의 구축이 샤넬의 핵심 페르소나라고 할 수 있다. 브랜드의 핵심 컬러와 테크닉과 동백꽃, 진주로 표현되는 디테일은 심볼화, 샤넬코드화 되어 브랜드 로고를 보지 않아도 브랜드를 인식할 수 있게 된다.

프랑스를 대표하는 럭셔리 브랜드 에르메스(HERMES)는 장인정신, 창의성, 혁신이라는 지속 가능성의 가치를 기업가 정신으로 삼아 1837년부터 이어오며, 휴머니스트적인 가치를 최우선으로 하고 있다. 이것을 페르소나로 구축하여 심미적인 것과 실용적인 것의 조화를 구현하는 데 공을 들이고 있다. 프랑스의 공방 운영 지역을 직접 지원하고, 제품 제작을 프랑스 내의 54개 생산지에서 집중적으로 관리, 생산하고 있다. 최근에는 한국인들도 에르메스에서 운영하는 장인 공방 학교에서 수학하는 경우도 많다. 뛰어난 노하우의 계승을 통한 실용적 오브제의 구현을 실물화하는 데 집중하고 있다. 즉, 에르메스의 페르소나는 인본 중심적인 장인정신의 계승을 실질적으로 현실에 구현한 것이다. 그리고 중요한 제품에 관련된 흥미로운 스토리를 가미한 특별한 제품에 인격을 부여하는 페르소나를 구축하였는데, 에르메스 버킨(HERMES BIRKIN) 가방과 켈리(KELLY BAG) 가방이 그것이다. 버킨은 프랑스 여배우 제인 버킨(JANE BIRKIN)을 비행기 안에서 창립자가 만난 것을 기념하여 주머니가 달린 별도의 포켓이 달린 튼튼하면서도 실용적인 것에 영감을 받아 제작하여 선물한 일을 계기로 탄생하였다. 켈리 가방은 모나코의 왕비 그레이스 켈리가 임신한 배를 에르메스 가방으로 가리면서 집중받았고, 1977년 그녀의 이름으로 명명하였다. 이처럼 스페셜한 에피소드와 함께 구축된 개별의 페르소나를 가지고 럭셔리 명품이라는 이미지를 굳건하게 고수하고 있다. 에르메스는 본래 황제의 공식 마구 용품 제작사로 출발하여, 1918년에는 영국 황태자를 위한 골프의류를 제공 납품했고, 현재는 럭셔리 명품으로의 이미지까지 독보적으로 획득했다. 그리고 이처럼 중첩된 이미지 구축을 통해 럭셔리 브랜드를 리드하고 있다.

프라다(PRADA)는 《악마는 프라다를 입는다》라는 책과 영화를 통해서 럭셔리에 대한 욕망과 성공의 문화 아이콘으로 자리를 잡았다. 브랜드의 런칭 초창기에는 프라다 형제가 이탈리아 밀라노에 가죽제품의 판매점으로 문을 연 것이 시초가 되었다. 그 후 이탈리아 사보이 왕실의 공식 납품업체로 인정을 받아 럭셔리 브랜드로서 위상을 차지하였다. 미우치아 프라다가 가문의 업을 이어받은 후 현실에 만족하지 않는 창조적인 혁신으로 유행을 선도하는 도전적인 럭셔리로 자리 잡았다. 특히 기존의 럭셔리에 반하는 유니폼을 형상화한 의류와 포코노 나일론을 사용한 라인의 적용은 큰 획을 그은 새로운 모드를 선보인 것으로 평가받는다. 이어서 이러한 창조적 융합은 2020년 라프 시몬느가 고어텍스 소재와 테일러링을 믹스하여 혁신적인 하이테크 미니멀리즘을 선보이는 것으로 이어진다. 그리고 리네아 로사라고 표현되는 빨간 선은 프라다 스포츠로도 불리며 시대를 리드한 혁신의 아이콘이라 할 수 있다. 2018년부터 다시 스포티즘에 열광하여 나일론 소재를 부활시켜 럭셔리 헤리티지에 대해 되돌아보게 한 혁신의 아이콘이라고 할 수 있다. 프라다는 기존의 가치를 전복하여 새로운 미학을 발견하는 혁신적 모델을 제안한 것으로 평가받는다. 이러한 새로운 가치의 제안이 럭셔리의 미학적인 역할이라고 할 수 있다.

18세기 프랑스의 주얼리 브랜드인 쇼메(Chaumet)는 빅토리아 여왕과 마리 앙투아네트의 전속 보석상으로, 프랑스 혁명 이전까지 귀족들에게 제품을 납품해 왔다. 그 후 나폴레옹의 전속 보석상이 되어 프랑스 제국의 화려함의 대표해 활동해 왔으며, 왕실의 장신구와 왕관, 장식품을 제작했다. 나폴레옹과의 스토리가 존재하는데 즉위 전에 추위에 떨며 쓰러진 장교를 구출해 수프를 건네주었는데 상점에서 구출해 준 은혜를 잊지 않겠다는 말을 남기고 떠난 이가 나폴레옹 1세라는 스토리가 전해진다.

피아제는 워치 메이커에서 시작하여 1973년 라임라이트 갈라워치와 주얼리를 중심으로 한 럭셔리 메이커로 성장한 브랜드이다. 피아제의 정체성은 시계에서 시작하였고, 보석과 장식구의 믹스로 차별화를 주어 다채로운 컬러와 화려함을 제안하여 혁신적인 시도를 하였다. 럭셔리의 브랜드들은 기존의 것과 차별화된 우월성을 가지기 위한 혁신이 항상 따라붙는다. 엘리자베스 테일러, 재키 케네디, 앤디 워홀, 게리 그랜트, 살바도르 달리 등 피아제 브랜드는 당대 최고 문화예술계의 오피니언 리더들을 멤버로 구성한 피아제 소사이어티를 운영하며 주얼리 선보이는 소셜 엠버서더 활동을 리딩하였다.

주얼리와 워치, 울트라 씬의 퀄리티 등의 강점을 가지고 있는 피아제는 젊은 층을 공략하기 위해 한류 스타인 준호를 엠버서더로 임명하여 전문성을 가진 셀러브리티로 삼아 이커머스 시장을 적극적으로 공략하고 있다. 피아제의 모토 "always doing better than you need to(언제나 필요한 것 이상의 일을 한다.)"에서 볼 수 있듯, 이상을 향한 혁신과 창의적인 도전, 타임리스한 정체성을 추구하는 브랜드이다.

3. 기획과정 : CHECK THE STORY
스토리텔링을 통한 몰입

1) 브랜드 철학과 가치의 개연적 맥락화

럭셔리 브랜드에는 자기만의 개성적인 스토리가 존재한다. 그것은 브랜드가 존재하는 근본 이유이기도 하고, 차별점을 가지는 근간이기도 하다. 럭셔리는 문화의 가치에 대해 소비하는 행위라고 할 수 있다. 필수품에 대해 소비하는 행위가 아니라 가치 소비에 해당한다. 기호에 대한 소비라고 할 수 있다. 타인에게 보이기 위한 과시의 플렉스(FLEX) 욕구, 스스로에 대한 만족감, 자기애, 보상 심리 등 복합적 심리가 작용한 결과물이라고 할 수 있다. 이러한 부가 가치적인 매력을 담고 있는 럭셔리 브랜드 상품에 대해 차별화된 관점으로 소비자가 관심을 가지게 하기 위해서는 몰입하는 환경을 만들어 메시지와 가치를 전달하는 것이 효과적이다.

럭셔리 브랜드에서 브랜드 철학과 메시지를 소비자에게 효과적으로 전달하기 위해서는 흥미를 끌 수 있는 스토리가 무엇보다 필요하다. 스토리텔링은 제품과 브랜드 간에 개연성과 맥락이 있는 환경을 조성하여 특정한 무드와 문구에 집중하여 이미지를 형상화, 극대화시키는 모든 노력과 작업이 이에 해당한다고 할 수 있다. 즉, 제품과 연계된 스토리텔링의 활용을 통해 뇌리에 각인되게 하여 소비자에게 효과적인 브랜딩을 전달할 수 있다. 상황에 대해 상상할 수 있는 세세한 디테일과 설명이 필요하고, 이러한 경험 전달의 과정 전반에 발전된 과학 기술을 활용할 수 있다. 패션쇼, 전시회와 브랜드의 상품을 소개하는 런칭 공간에 제품과 퍼포먼스 음악이 같이 등장하는 것도 이러한 이유이다. 소통의 공간이 열릴 때 그 공간은 엔터테인먼트가 포함된 복합 공간 예술의 장으로 변모한다.

패션쇼에 콘셉트와 어울리는 댄서와 다양한 방식의 퍼포먼스, 디지털 조명 아트와 영상예술이 연출하여 등장하는 것은 이미 오랜 역사를 가지고 있다. 심지어 근래에는 화제성을 더하기 위하여 스페셜 게스트 고객으로 인플루언서와 스타들을 초청하여 퍼포먼스의 구현을 이루기도 한다. 이것 또한 오래된 전통 방식이기도 하다. 그리고 이러한 결과물은 홍보, 마케팅을 아우르는 소통과 메인 설명 자료, 브랜드만의 히스토릭한 데이터로 활용할 수 있다.

브랜드 철학에 기반한 강력한 스토리텔링을 통한 꾸준한 상호 커뮤니케이션은 시간의 축적을 통한 헤리티지를 건설할 수 있는 베이스를 구축하기 위한 노력이라고 보면 된다. 창업 초반에 관련된 고난 극복의 스토리, 고객과 관련한 특별한 이야기 에피소드들, 제품을 만드는 과정에서 발생하는 이야기 등 어느 것이나 스토리텔링을 할 수 있는 소재가 된다. 때에 따라서는 제품이 기획되는 순간에 관련한 영감을 받을 수 있는 배경적인 에피소드들도 이야깃감으로서 역할을 하게 된다. 그리고 브랜드의 아우라를 더욱 풍부하고 개연성 있게 만드는 맥락을 제시하는 중요한 모티브와 단서로서의 역할에 방점이 찍힌다.

이러한 흥미로운 스토리를 내포한 제품을 아우르는 것들이 모여서 브랜드를 풍부하게 하는 자양분이 된다. 그러므로 럭셔리의 근간에는 신화적인 요소와 문화, 맥락적 배경이 함께 결합하여 등장하는 것이 필연적이다. 게다가 현재 소비자의 관심을 끌기 위해서는 진실과 가상의 이야기를 엮어서 제품에 인격을 부여하기도 한다. 제품에 대한 관심을 촉발하여 브랜드 전체에 대한 활력을 불어넣어 완성도를 높일 수 있는 기반이 되기 때문에 스토리텔링은 더욱 중요해지고 있는 추세이다. 그리고 럭셔리 브랜드만의 가치와 철학을 전달하는 세계관을 구성하기에 이러한 스토리텔링의 기반은 필수적이다.

2) 스토리텔링을 통한 브랜드 가치 확대

브랜드를 대표할 수 있고 차별화된 자신감을 표출할 수 있는 카테고리 킹 제품을 선정하여 브랜드만의 고유한 특징적 장점과 우월성, 차별화 포인트를 정리하여 디자인 표현과 스토리를 연결시킨다.

브랜드의 가치와 메시지를 이러한 스토리에 융해시켜 소비자와 공감대를 형성하면 소비자의 구매 욕구를 자극할 수 있다. 흥미를 일으키는 스토리의 연결성을 통하여 각인효과를 일으키고, 이렇게 각인된 브랜드에 관한 인상은 많은 브랜드와 상품들 안에서 특정 브랜드에 대한 홍보와 마케팅을 극대화할 수 있는 기회로 활용된다. 스토리텔링의 방법으로 타인과의 이해와 협력을 촉진할 수 있으므로 커뮤니케이션 홍보를 위해서도 좋은 바탕이 된다. 브랜드 차별화를 위해 남들과 다르게 생각해 주길 바란다면 캐릭터와 이슈 중심으로 스토리텔링을 진행하여 감성적인 이야기를 구성한다. 이러한 에피소드를 구체화함으로서 메시지 효과를 소비자 뇌리에 기억의 잔상으로 남길 수 있다. 어떠한 시대의 어떠한 풍, 어느 도시에 어떠한 주인공의 성장 스토리인지를 구체적으로 구축하여 볼 수 있다. 이러한 스토리텔링에 인류 문명의 원형인 신화를 활용해 볼 수 있다. 이러한 요소를 브랜드만의 시그니처 심볼과 그래픽, 문구 등의 확장을 통해 창의적인 브레인스토밍으로 추출해 활용할 수 있다. 품격과 장인의 노력이 가미된 럭셔리 제품에 풍부한 연상 작용을 적용해 그 브랜드에 대한 가치 제고와 이미지의 확산을 할 수 있다.

카테고리 킹으로 그 비즈니스 마켓을 대표하는 디자인 인사이트로, 고객과 함께 공감대 형성을 하여 마켓의 상황적 컨디션을 직접 조성하며, 성숙한 시장을 만드는 적극적이고 고차원적인 행위라고 할 수 있을 것이다. 이러한 새로운 비즈니스 공간의 영역 구축은 곧 새로운 세계관의 구성이며, 자신만의 차별화된 공간을 만드는 것이다. 이는 브랜드에 고유한 정체성과 문화를 부여하고 전략의 방향성을 제시하는 탁월하고 함의적인 방안이라 할 수 있다.

역사적으로 축적된 럭셔리는 헤드 크리에이티브 디렉팅이 바뀌게 될 때마다 패션에 새로운 가치를 요구하게 된다. 이러한 타이밍에 특정 상황에 대한 적절한 분석과 새로운 가치를 예술과 문화의 바탕에서 구현하여 도출하며, 새로운 세계관을 형성해 제시하는 리브랜딩 작업으로 차별화할 수 있다.

브랜드 가치를 리노베이션하여 혁신, 성공한 사례는 구찌에서 찾아볼 수 있다. 베이직하고 브랜드 간 구별이 안 되는 비슷한 것만이 있는 패션 비즈니스 마켓은 익명성을 보장할 수 있지만, 자칫 밋밋하고 지루해질 수 있다. 럭셔리의 고객은 항상 새롭고 혁신적인 챌린지에 갈망 어린 욕구를 가지고 있다. 구찌(GUCCI)가 기존의 것을 답습하는 관성에 젖어 있었을 때, 여기에 개인의 취향과 차별화를 확실하게 하여 세계관적인, 미래적인 안목으로 접근한 크리에이티브 디렉터가 알렉산더 미켈레이다. 크리에이티브 디렉터인 알렉산더 미켈레는 일주일 안에 패션쇼를 준비해야 하는 위기 상황에 직면했을 때 구찌 브랜드의 헤리티지에서 추출한 요소를 예술에서 차용, 융합하여 차별화한 세계관을 구축하여 제안하였다.

이러한 그의 시도는 패션쇼를 기점으로 지속적인 브랜드 추구

영역으로 일관성 있게 확장되었다. 럭셔리의 기본 페르소나 구축은 세계관의 제시라 할 수 있다. 이것은 특정 고객을 타깃으로 하는 작업이 아니다. 럭셔리 브랜드 자체에 도취될 수 있는 가치를 제안하는 것이다. 일반적인 브랜드들의 페르소나 구축과는 결이 완전히 다른 개념이다. 우리가 제시하는 이 세계관을 추종하고 따라오라는 럭셔리만의 독특한 세계관, 리더십의 표현이다.

럭셔리 브랜드에 새로운 세계관을 창조하여 기존의 이미지를 전복하여 더 고급스럽고 신비스러운 이미지를 부가하였다. 명화 속의 한 장면을 오마주하여 광고 캠페인에 지속적으로 활용하거나, 패션쇼를 런던의 웨스트민스턴 사원, 피렌체의 팔라티나 같은 역사적인 장소에서 진행하는 행위, 미래적인 방향성과 인간 본연의 철학적 가치에 기반해 사이보그에 대한 콘셉트, 노아의 방주를 재해석하는 것 등, 예술의 이미지를 메타포로 활용하여 브랜드 이미지의 상승효과를 이루었다.

기술적인 부분은 소비자가 방문한 장소와 구찌와 연계하는 플레이스 앱과의 연동으로 이미 반영하였다. 파노라마 VR체험, 체험형 3D 증강현실을 통해 영상 아트 실험적인 콘셉트 무비 영상 등을 이미 선보였다. 이러한 다각적인 노력의 접점으로 고전과 테크의 융합을 활용하여 다른 브랜드와의 차별점을 선보였고, 젊은 고객의 유입을 확장하여 문화적인 제안을 통해 더 쿨하고 힙하게 이미지를 형성하였다. 이러한 전방위적인 활용으로 구찌를 힙하게 되살려 시대적 패션의 아이콘으로 이끌었다.

스타크 가격 피라미드 스트럭처 구성(STARK Design Pyramid BUILDING Price & Value Updating work). 스터즈와 디자인 패턴 스와로브스키 스터즈 등 밸류애드와 차별화로 제안

필자는 2012년 MCM에서 백팩 형태의 가방을 카테고리 킹으로 선정하였다. 이러한 키 스타일의 선정에는 백팩 스타일뿐만 아니라 헤리티지에서 추출한 두 가지 스타일을 더하여 럭셔리로 도약하기 위한 전략제안서를 직접 구축하여 제안한 것이 출발점이 되었다. 이것은 MCM헤리티지에 등재되어 있는 스타일을 바탕으로 현대적인 터치를 가미한 디자인으로 가치를 부가하여 스페셜한 디자인 변형을 제안한 것이었다.

이 스타일을 카테고리 킹으로 자리매김할 만한 이슈와 명분의 토대를 만들기 위해서는 보조적인 스토리텔링 작업이 필요했다. 독일 뮌헨에서 브랜드를 창립한 탄생 배경을 반영하여 1970년대의 뮌헨에 근거를 둔 화려함(Glamour), 음악(Music), 장인 정신(Craftsmanship), 테크놀로지(Technology), 여행(Travel), 글로벌 라이프스타일(Global lifestyle) 등 모든 요소들을 적용하여 MCM 35주년 기념 스페셜 프로젝트 탄생에 모태 및 영감의 원천이 되었다. 이를 근간으로 하여 MCM브랜드의 중요한 철학으로 적용하고 디자인적 구현을 재해석하였다. 당시 '문화의 황금기'를 이루고 있던 1970년대 뮌헨의 시대적 정신을 스페셜 버전으로 내 손으로 직접 재현하였다. 35주년 기념으로 독일의 MCM창립 본연의 특정 키워드를 분석하여 주제를 선정하였고, 이 주제를 기반으로 35개의 특별한 버전의 백팩이 제작되게 되었다. 여기에 스토리텔링의 디테일 표현을 가미하여 음악과 테크의 조화, MCM 고유의 화려한 독창성 등을 주제로 정체성을 다시 한번 재정립하였다.

이 35개의 백팩은 한 달이라는 짧은 기간에 완성되었다. 그리고 이 작업이 일반 가격대 80만 원대의 가방을 다이아몬드 가격인 300만 원대까지 형성하게 하는 기초가 되었다. 매스티지 구조의 카테고리 확립을 이러한 스토리텔링 단초로 삼아 이루게 되었다. 한 달 안에 개별 디자인이, 모든 디테일이 각각 다르고, 소재와 세부 세공이 차별화되며, 스페셜해 보이는 자재와 메이킹 퀄리티까지 구현해야 하는, 야심차면서도 한계가 많은 프로젝트였다. 공예적인 스킬과 인프라가 없는 상태에서 아트적인 요소를 가방에 접목하는 개념을 도입하여 하나하나가 제작되도록 리드했다.

개발실도 이러한 작업이 처음이라 어려운 난관이 한두 가지가 아니었다. 샘플의 제작 또한 하나하나가 온리 원의 제품 개념이 되기에 만드는 방식도 비스포크(BESPOKE)로 제작되는 방식으로 구현되었다. 제작을 진행하는 개발실의 테크니션들도 스킬의 구현에 훈련을 거듭하며 매진하게 되어 나중에는 이러한 스페셜 프로젝트에 대해 불평 없이 자연스럽게 받아들이도록 했다. 하지만 처음에는 변화를 거부하는 형태가 있기에 같은 지점을 향해 자연스럽게 조율하여 행동 변화를 유도하는 것이 상당히 중요하다. 이것을 단초로 회사에서 인정받는 부분과 소비자들, 마케팅의 열화와 같은 호응이 있었기에 가능해진 일이었다. 그리고 그 후 이 35개의 스페셜 에디션(35TH SPECIAL BACKPACK EXCLUSIVE)을 가지고 글로벌 전시회를 진행하게 되었다.

이러한 개념과 시도는 당시 럭셔리 비즈니스에는 없었다. 보통 기능적이고 남성적인 아이템으로 생각하는 백팩을 화려한 모습으로, 럭셔리하고 스페셜하게 이미지를 전복하여 제안하는 것이 기존 개념에 혁신을 가져와 그 에디션에 대한 판매요청이 쇄도했다. 이 라인들은 나중에 전시회를 끝내고 자선행사에서 경매를 통해 판매되게 되었다.

이처럼 전통에서 새로운 것을 추출하여 이미지의 전복을 일으키는 작업은 브랜드에 새로운 이미지를 만들어 제시하는 결과를 가져와 힘들게 진행한 노고에 대해 모두가 인정하는 결과로 증명되었다. 이것이 MCM을 역동적인 힘을 가진 브랜드로 리포지셔닝하는 시발점이 되었고, 글로벌 럭셔리 브랜드의 위치를 만드는 밑받침이 되었다. 나는 이 모든 전략과 디자인 프로젝트 매니지먼트를 주관하여 럭셔리 비즈니스 마켓에 새로운 공간과 위치를 설정하였다. 물론 회사의 오너가 이것을 인정하고 빠르게 결정을 내린 것이 주효하였다. 아무리 좋은 아이디어나 혁신적인 아이디어가 있어도 이것을 인정받지 못하면 개인 브랜드가 아닌 이상 추동력을 가지기는 어렵다. 이후 펜디(FENDI)나 루이비통(LOUIS VUITTON) 등 다른 대부분의 럭셔리 브랜드에서 백팩이 중요한 카테고리 아이템으로 등장하게 되었다. 이것은 변화하는 라이프 스타일을 분석하여 카테고리 킹 디자인(CATEGORY KING DESIGN)으로 제안한 결과였다. 기존 스타일을 반복, 연장하는 일에 대한 접근에 만족하지 않고, 기존의 통념을 전복시키고 유니섹스 라이프 스타일, 젠더 플루이드 현상, 양손의 자유를 원하는 글로벌 노마드 세대의 요청을 미리 예견하고, 부합하는 제안으로 매출을 이끌게 되었다. 그리고 여기에 만족하지 않고 기능을 보완하고, 사이즈의 확장 익스텐션으로 아주 작은 귀여운 크기의 베베부(BEBEBOO)라는 이름의 4가지 기능으로 변신 되는 멀티플한 기능의 스타일을 디자인하여 제안하였다. 이 또한 럭셔리 브랜드에서 바로 매장에서 구매를 하여 카피할 정도의 반응을 이끌었다. 베베부(BEBEBOO)라는 이름은 어른과 아이가 같이 들 수 있고, 여성들이 핸드백 대신 파티에까지 매칭할 수 있는 개념으로 제안되었다. 강력한 스토리텔링과 세부적인 전략을 기반으로 새로운 혁신적 개념의 제안은 자연스럽게 카테고리 킹으로 발현하게 되었다. 이러한 시도는 새로운 비즈니스 성장 기회의 동인이 된다. 그리고 단순한 가방 하나의 아이템 제안으로 그치는 것이 아닌, 캡 모자와 라이더 재킷과 스니커즈로 연결되는 라이프 스타일 룩의 제안으로 귀결되었다. 포멀한 정장과 드레스에도 이러한 펑션을 믹스 매치하는 유니섹스 라이프 스타일로 자연스럽게 연결되었다. 이러한 로직의 기반을 계속 시뮬레이션하여 스토리텔링을 단단하게 하는 것이 혁신을 통한 성공으로 연결되었다.

모든 스토리텔링은 스토리를 제품과 브랜드에 융합하여 브랜드의 가치 확대와 상승을 원하고자 하는 의지의 표현이다. 고전적인 럭셔리 브랜드 샤넬의 창립자 코코 샤넬은 창립자의 인생관과 라이프 스타일을 스토리텔링으로 녹여 낸 케이스이다. 주인공이 고난과 장애물을 극복하고 목적이나 의미를 달성해 나가는 성공 스토리와 성공 신화에 대중은 매력을 느낀다. 럭셔리 브랜드의 아이덴티티를 규명하고 구조화하는 절차와 세분화 방법을 브랜드 정체성으로 구체화할 수 있다. 물리적인 특성, 고객 이미지, 관계, 자아 이미지, 문화, 개성에 인격을 부여하여 스토리텔링의 과정을 거치는 것이라 할 수 있다. 이것은 럭셔리 권위자 장 노엘 카페레 교수가 개발한 방법 중 하나이다. 브랜드의 핵심 정체성을 기업의 존재 가치를 규정하는 미션과 비전, 가치와 슬로건으로 정리한다. 이러한 작업을 통해 서로 맥락과 연계성을 가지면서 차별화를 나타낼 수 있다.

브랜드는 특정 브랜드와 기업관에 사람들의 결핍을 스토리로 녹여 내고, 그것을 극복하는 과정의 이야기를 풀어내는 것에 집중한다. 그리고 이미지의 차용을 통한 매개체로 스토리를 활용하여 공감하게 만들어 동조하도록 한다. 애플 같은 기업은 반항아 말썽꾸러기들, 괴짜들이 세상을 바꿀 수 있다고 믿는 신념을 응원하는 것이라 할 수 있다.

최근에는 고전적인 성장 스토리보다 재미를 느끼게 하는 가벼운 소재의 차용을 통해 즐거움의 이미지로 저변 확대를 노리는 스토리텔링이 놀이문화와 연계해 확산되는 추세이다. 현실의 어려움을 가볍고 재미있는 놀이처럼 SNS를 통해 소비하는 것으로, 주체를 새로운 캐릭터를 통한 세계관의 확대로 연결하고 확장시킨다. 제품을 소비하는 소비자가 자기 고양 욕구를 충족하게 하여 스스로가 멋있게 보이게 느끼는, 자기애적인 만족감을 충족시키는 행위로 연결하는 스토리텔링도 이루어지고 있다. 이러한 배경에는 환경문제에 관심이 많고 경각심이 높은 MZ세대가 자리하며, 이들과 연동되어 적극적으로 어필되고 있다. 따라서 가치 소비 중시, 심리적 만족감을 기업의 영향력과 연동하여 이미지 가치를 스토리텔링과 함께 잘 전달할 수 있는 마케팅 기법이라 할 수 있다.

4. 기획과정 : Design Building

1) 디자인 세부 기획 DESIGN

모든 디자인은 창조적인 아이디어의 구체화를 의미한다. 새로운 브랜드를 준비하는 경우에는 브랜드가 추구하는 정체성, 핵심 철학 메시지를 디자인에 반영하려는 태도를 기본 기조로 한다. 브랜드 메시지를 구체적으로 전달할 수 있는 외형적인 형상 표현을 디테일하고 차별화된 것으로 구현해야 한다. 구상한 아이디어 스케치는 다양하고 창조적인 표현을 통해 다각적으로 접근한다. 주요 영감과 방향성을 가질 수 있는 리서치 자료와 기물, 그간 스크랩을 한 자료를 바탕으로 하여 스케치를 진행한다. 실무적인 브랜드와 다양한 프로젝트를 책임자로서 리드한 경험에 바탕해 구체적으로 설명하자면, 아이디어를 창출하는 디자인의 단계에는 시간적인 한계가 없다. 프로세스의 단계를 구분하는 데 굳이 의미가 없다는 표현이다. 단지 이러한 단계를 지정하는 것은 몰입과 공유를 위한 자료를 정리하기 위한 단계로 의미를 두어야 한다. 협업을 위한 툴과 몰입 환경을 위한 단위로서 스케줄링을 하여 명확한 결과를 구현하기 위한 명제로서 이루어지는 것이고, 사실 아이디어에 대한 구상은 영감을 받는 모든 단계에서 취합되어 있으며, 필요한 프로젝트의 적재적소에 반영된다고 볼 수 있다. 디자이너가 접하는 모든 환경에서 추출한 방향성을 가지고 프로젝트에 맞게 매칭하여 아이디어를 도출해 구체화하는 것일 뿐이다.

이러한 업무적인 경계장을 가지고 임할 때 다양한 확장성을 가지고 단기간에 중첩된 프로젝트를 해결할 수 있다. 저자의 경험으로 볼 때, 다양한 아이템을 디자인하고 구축한 역할에 대한 경험과 신기술에 대한 광범위한 정보는 일정 기간을 두고 수렴하여 시장 상황에 대한 전략을 구축할 수 있는 시야를 가지게 해 준다. 콘셉트 기획부터 커뮤니케이션 실물 제작, 판매, 유통을 망라하는 여러 가지 지점을 해결하는 데에 이러한 체화적인 확장력은 많은 도움이 된다.

이 단계에서 헤드 크리에이티브 디렉터의 방향성과 결정력이 중요한 역할을 한다. 그리고 다양한 부서의 요구사항을 조율하며 디자인 영역에 반영하는 작업이 동시에 진행되어야 하기 때문에 커뮤니케이션 능력이 중요하게 작용한다. 디자이너가 중심이 되는 브랜드는 디자이너가 중요한 결정권을 가지고 움직이게 되지만, 럭셔리 브랜드에서는 전략적 방향성을 결정하는 기획을 리드하는 파트장과 마케팅을 운영하는 다른 부서와의 전략적 접점의 포인트를 찾는 협업이 중요하다.

결국 심미적이고 좋은 디자인을 하였더라도 공감이나 지원을 받지 못하면 정체성의 메시지를 소비자에게까지 흔들림 없이 전달하는 데 혼선이 생긴다. 내부 수렴과 결속적인 동의를 통한 결과를 추진해 나가야 하는 결론에 도달하게 된다. 이러한 상황적 조율을 능숙하고 유연하게 끌어내면서 디자인적 가치를 유지하는 것은 공감적인 리더십과 성공적인 디자인으로의 진행을 의미한다. 헤드 크리에이티브 디렉터의 역량은 이러한 부서 간의 조율과 카리스마 있는 리더십으로 귀결된다.

글로벌 협업 체제 시스템에서는 이러한 역량적 태도가 더욱 요구된다. 글로벌 럭셔리 비즈니스 크리에이티브 디자인 스튜디오가 주요 나라의 도시별로 포진해 있는 경우도 있고, 다양한 국적의 디자인 베이스를 가진 사람들이 모여 협의물을 도출하는 것이 현대의 디자인 시스템이다. 즉, 한 나라에서 내부적으로 개인이 만들어서 되는 것은 아니란 의미이다. 이러한 경우는 개인 브랜드에서 진행하는 것이고, 발렌타인, LF패션, MCM 등에서 글로벌 협업 디자인 비즈니스를 구축하는 모델을 진행할 때는 처음의 아이디어 도출은 개인에서 시작되지만, 럭셔리를 구현하기 위한 퀄리티를 위해서는 다양한 접점과의 지원과 협조를 도모해야 한다.

디자인 미팅만 하더라도 아주 여러 번의 회의를 거치게 된다. 거듭된 진행 과정을 통해 같은 철학과 가치관을 공유하는 것이 작게는 디자인 내부에서의 커뮤니케이션이라 할 수 있고, 단위 규모를 키워가면서 서로가 협의하고, 만족할 만한 결과물이 도출되었을 때 그 결과물을 가지고 자신감 있게 런칭을 준비할 수 있는 밑받침이 될 수 있다. 이른바 공유 가치의 실현화 단계라고 정의할 수 있을 것이다.

디자인 구현의 단계는 표현 테크닉의 기술적인 방법을 통해 이미지의 시각화와 입체화를 구체화하는 모든 표현을 의미한다. 여기서 의미하는 디자인 단계는 브레인 스토밍으로 구현된 아이디어를 시각적인 제품화로 연결시키기 위한 스케치와 시뮬레이션, 디자인에 적용하는 소재를 명시, 규정하는 것, 규격의 명기, 기술적인 기능의 개발 도면을 포함하여 크리에이티브 파트의 다양한 모든 표현을 망라함을 의미한다. 철학과 콘셉트의 메시지를 디자인에 반영하여 디자인을 실물로 구체화하는 프로세스는 세부적인 단계를 거치며 완성으로 나아간다. 이 단계에서 컴퓨터와 업데이트 되는 기술적 영역의 도움을 받을 수도 있다. 디자인 시뮬레이션 단계에서 실물에 가까운 다양한 재질감과 컬러 베리에이션의 구현을 기술적인 AI로부터 제안받을 수 있다. 그리고 디자인의 세부적인 확장 방안까지 그 제안은 확장될 수 있다. 이 과정에서 디지털 트랜스포메이션의 단계가 적용될 수 있다.

이처럼 여러 단계의 내부 미팅과 수정 방안의 숙고, 디자인 과정을 거쳐서 더욱 효과적이고 적절한 기술과 방식을 찾기를 거듭하게 된다. 런칭하고자 하는 브랜드의 핵심 아이디어에 집중하여 어느 지점과 포인트에 포커스를 맞추어 외현으로 표출할 것인가를 결정해야 한다. 그 지점을 구체화하고 브랜드의 스피릿과 DNA를 집중하여 응축한 퀄리티를 효과적으로 표현하는 방향으로 디자인과 기술적인 부분을 적용하여 진행한다.

2) 프로토 이미지 구축(PROTO IMAGE BUILDING)

방향성이 집약된 디자인을 결정했으면, 프로토 이미지를 실물화로 구현하여 구체적 모델링을 병행하는 테스팅을 거치는 단계를 준비하는 것이 적절하다. 이렇게 여러 가지 일을 동시에 진행하는 것은 결정 단계를 줄이기 위한 과정에 대한 설명이라 할 수 있다. 앞에서 설명한 과정을 한 가지씩 순서대로 진행하여도 된다. 그러나 마감 준수일이 정해져 있는 프로젝트의 경우에는 멀티 태스킹적인 업무 레이어가 집중적으로 필요하다. 이러한 확인 작업을 위하여 마일스톤 스케줄에 명기하여 모두가 확인하는 테스팅, 확인 단계를 거친다. 이 단계로 이행하면서 디자이너와 모델링을 구축하는 디자이너(모델리스트라고도 한다), 메이킹을 진행하는 테크니션, 프로덕션 매니저와 자재에 대한 소싱을 진행하는 리더 등과 다차원적인 협업을 위한 미팅을 수시로 진행하면서 수정을 거듭한다.

이러한 수정 단계는 실제 테스팅을 통해 품질과 제품의 완성도와 견뢰도 등을 보완하는 다각적인 방법으로 진행된다. 럭셔리 완제품의 퀄리티와 견뢰도 등이 이러한 부분 테스트들을 통해 더욱 보완된다. 이러한 부분들도 아이디어 회의를 통한 결과로 모든 것들이 도출되어 세부 다음 액션으로 연결된다. 럭셔리 비즈니스 브랜드에서의 잠재력과 내공은 이 단계에서 투입된 자본을 베이스로 한 퀄리티와 디테일적인 품질이 구현되는 세공 스킬로 발현된다. 기술적인 보완을 통해 디자인적인 퀄리티를 업그레이드해서 구현될 수 있는 단계이다.

일반적인 럭셔리 브랜드들은 이 단계에서 주변 인프라의 협조를 통한 퀄리티의 업그레이드가 진행된다. 장인과 테크니션들의 가이드와 누적된 지식의 척도가 이 지점에서 디자인의 완성도를 끌어올리는 데 중요한 역할을 한다. 그래서 이탈리아와 프랑스의 럭셔리 명품들은 다중적인 협력 관계와 심미적이고 유서 깊은 공예 스킬이 기반이 되어 공예 하우스의 형태로 꾸준히 유지되어 온 주변 인프라가 디자인의 구현 상태를 보완해 주는 역할을 한다.

이러한 것의 인프라가 없는 신생 브랜드의 경우에 업체의 소싱과 협업 라인의 구축, 진행, 구현되는 상태의 반복 테스팅, 동시다발적인 업체의 연계 구성 작업, 테크니션과의 커뮤니케이션을 동시다발적으로 구축, 진행해 나가야 한다. 동시에 이렇게 진행해 나가는 결과물을 다른 부서와의 협업과 이해를 구할 수 있는 퀄리티로까지 올려 인포메이션과 가이드를 전달해야 하는 상황에 직면하게 된다.

이럴 때 현업에 대한 숙련된 경험이 있는 리더의 자질이 많은 변수로 작용하게 되는 부분이 발생한다. 다양한 변수와 상황, 축적된 지식으로 성과를 도출할 수 있는 방향을 가이드 해 줄 수 있는 것이 디렉터의 본질이다.

디자인 구체화 과정 (과정의 모듈화로 자유롭게 이동과 결합이 가능한 시스템)

프로토 유닛이란 처음으로 실행 가능한 아이디어를 실물화한 것을 의미한다. 프로토 유닛의 샘플 기획 후 이것을 가지고 전략을 구성하는 모든 팀들이 모여 다각적인 리뷰와 피드백을 한 후 다시 실물적 완성도를 위한 재샘플링에 돌입한다. 이러한 작업 과정은 스케치를 도면으로 정교화하고, 부분을 더 구체적으로 이미지화하는 것, 2D 작업의 이미지에 기술을 더해 입체로 형상화해 보는 것, 그리고 종이나 다른 것으로 입체화를 해보는 것 등 모든 표현을 포함하는 행위라고 규정할 수 있다. 이것은 마일스톤에 정해진 기준을 가지고 판매가 가능한 실물 제품의 모습으로 구현되도록 한다.

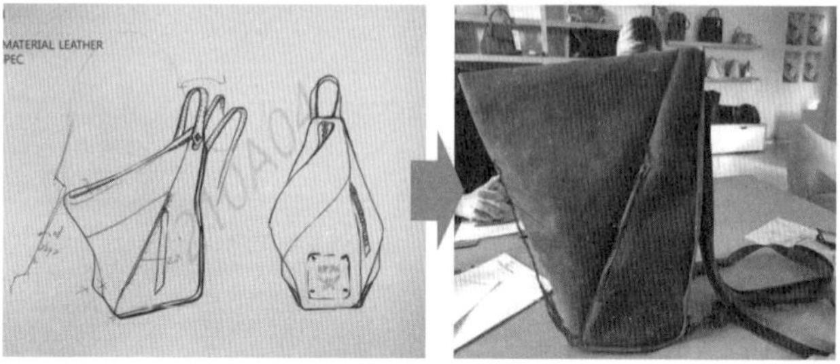

상기 모든 자료는 저자가 직접 제작한 자료임

디자인 스케치와 프로토 샘플 예시

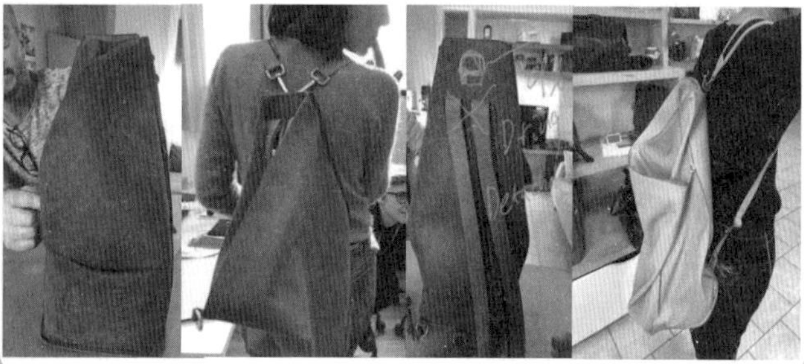

상기 모든 자료는 저자가 직접 제작한 자료임

프로토 샘플 수정과 샘플 완봉 메이킹 예시

사실 "디자인적 구현을 제품 실물화한다"는 간단한 문장이지만, 세부적인 모습을 들여다보자면 여기에 많은 변수와 다양성이 내포

되어 있다. 이러한 디테일 작업의 어느 부분에 방점을 두어 구체화하는 것이 중요한 비즈니스의 영역을 구축하는 지점이라고 할 수 있다. 럭셔리는 서비스 개념만을 가지고 진행하는 것이 아니고 전통적으로 실물이 제공되고 퀄리티로 구현되며 소비되어야 하는 것이다.

한편, 창의적인 프로토 아이디어가 어떻게 효과적으로 실물 제품화로 연결될 수 있는지를 다음에 첨부한 사례를 예시로 알아보겠다. 러브캣(LOVCAT) 브랜드의 런칭 후 저자는 가방과 지갑 장식의 하드웨어를 개발하는 프로젝트를 진행하였다. 반짝이는 보석 크리스탈 스톤을 부착하는 아이디어를 가지고 장식 개발을 처음 시도하였다. 크리스탈 스톤을 가득 박아서 그 스톤이 떨어지지 않으면서 지속성과 기능성을 유지해야 하는 고난이도의 시도였다.

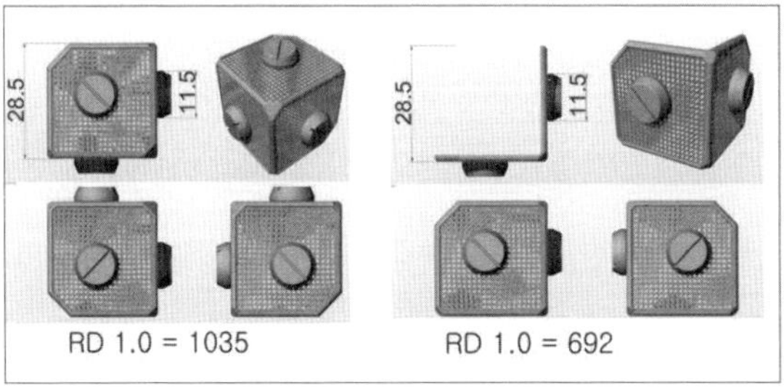

상기 모든 자료는 저자가 직접 제작한 자료임

기능성 장식 디자인 스케치 베리에이션 예시

이것을 가지고 처음에는 금속 하드웨어 개발 업체들이 난색을 표했지만, 구체적인 도면을 통한 방법 제시와 그것을 구현하는 시도를 통해 스와로브스키 크리스탈을 하트 모양과 지갑 기능장식에 채워서 엄청난 수량의 매출을 기록하였다.

주얼리에서 영감을 받아 개발한 반짝이는 하트 장식의 지갑과 가방은 여성들에게 또 다른 주얼리 같은 클러치 겸용 지갑 제품의 연장선에서 심미석인 반족을 전달했다. 그리고 반짝이는 하트와 러브캣이라는 이미지도 디자인 개발과 매칭이 잘 된 케이스라고 할 수 있다. 이후 같이 협업 개발한 금속 하드웨어 공장 업체는 이 기술을 가지고 다른 대부분의 브랜드 하드웨어에도 영업을 제안하여 해당 기업뿐만 아니라 다른 금속 장식업체들도 이 기술로 여전히 개발을 진행하고 있다. 참고로, 이후에 보석을 박아서 그 스톤이 떨어지지 않게 하는 보완 기술까지 저자가 보완, 업데이트하여 아직까지 다른 브랜드에도 보석 스톤을 박아서 상용화하고 있다.

이처럼 빵같이 팔리는 키 스타일 전략 제품이 몇 개 있으면 전체 브랜드의 매출은 유지가 된다. 이때 이러한 아이템을 어떠한 기술로 개발하느냐가 중요한 관건이 된다. 처음에 개발해서 출시했을 때 반응이 좋았지만, 사용 후 크리스탈 스톤 뒤에 있는 얇은 박으로 되어 있는 구조로 인해 스톤 하나하나가 떨어져 나가는 문제가 발생하게 되었다. 이런 경우 제품 불량으로 인한 컴플레인의 단초가 되기에 세부적인 부분까지 퀄리티를 안정시키기 위한 시도는 계속되어 현재처럼 모든 브랜드에 사용되는 기술로 개발되게 되었다.

이는 디자인에 대한 구상과 실물화에 대한 거듭된 기능에 관한 협의 도출을 통해 안정화 기술을 개발한 사례라고 할 수 있다.

럭셔리 비즈니스 브랜드에서 지향하고자 하는 뮤즈로 구축된 페르소나를 표현하는 것은 디자인에 있어서 TPO를 구축하기 위한 것과도 연동된다. 시간과 장소, 상황에 맞는 적절한 키 룩(KEY LOOK), 핵심 착장을 이미지화하여 그것을 중심으로 이미지를 확립해 구체화하는 것이 좋다. 그 후 한 줄기에서 가지가 벌어져 나가듯이 디자인 모델들을 변형하여 확장된 카테고리 아이템군으로 넓혀 디자인을 진행하는 것이 일반적이다. 자유로운 디자인 발상을 통해 각 단계마다 확장 디자인 진행하고 정리를 하는 단계를 거쳐서 디자인을 수렴해 나간다. 디자인을 제시하고 프로토를 제작하여 샘플을 만들고, 샘플을 드롭과 인을 반복하여 비즈니스 상품 플랜을 마켓이나 브랜드의 철학에 맞추는 작업을 반복한다.

이러한 반복 작업을 통해서 핵심, 가치관을 가장 잘 반영한 큐레이션 된 상품구성에 접근하는 것이 좋다. 그리고 프로젝트의 규모에 따라 디자인의 카테고리 구성이 달라질 수 있다. 아이디얼한 상황에 대한 구체적인 실무 디자인적 표현을 통해서 페르소나와 매칭이 되는지, 브랜드의 목적성과 부합이 되는지 확인 가능하다. 즉각적으로 디자인이 실물화가 되지 않는다고 하더라도, 이러한 상황 구성 요건에 따른 다양한 시뮬레이팅을 통해 디자인의 확장성까지 예측하여 볼 수 있다.

디자인 기획은 일차적으로는 크리에이티브 디자인실 내부에서 진행하고 상품구성을 하는 머천다이징 파트와 같이 협업하여 진행하기도 한다. 기획 전략과 실무 디자인이 분리되어 인하우스 디자인실이 부재하는 경우에는 별도의 외주 디자인 스튜디오를 활용하는 경우도 있다. 진행 프로젝트의 성격에 따라 마케팅 파트와 같이 내용의 목적에 대하여 디자인의 방향성을 공유하여 협업 방식으로 진행하기도 한다. 글로벌한 럭셔리 브랜드는 유명 도시에 디자인 스팟을 나국적으로 구성하여 거점 디자인실을 마련해 운영하기도 한다. 글로벌한 협업을 통해 다양성을 추구하는 디자인 글로벌화의 일환이라고 할 수 있다. 부족하거나 신선한 아이디어의 확장이 필요한 경우 게스트 디자이너를 한시적으로 영입하거나 콜라보레이션 프로젝트를 통해 이미지 전환과 아이디어의 확장을 도모하기도 한다.

글로벌 럭셔리 브랜드의 경우에는 기획, 엠디 즉 머천다이징과 협업을 통해 디자인 준비를 한다. 그 후 글로벌 지역의 머천다이저들과 추후 미팅을 진행한다. 지역에 관련한 사전 정보와 요구사항, 트렌드에 관한 정보를 머천다이저들이 준비하여 사전 협의를 진행한다. 즉, 기획에 지역을 주관하는 머천다이저들이 같이 협업하지는 않지만, 각 지역에 적합한 이슈와 트렌드, 요청 사항에 대해서 미리 트렌드 사전 자료를 공유해 주기도 한다. 이러한 정보가 없거나 역할이 결여된 경우에는 기획자 카테고리 매니징을 하는 엠디 주체가 전체의 범주 안에서 세부 아이템 구성을 진행한다.

국가의 지역을 대표하는 리전 익스클루시브, 나라별 소비자 선호 특성을 반영한 제품구성과 하이 프라이스의 제품 등 특별한 익스클루시브 상품들은 특정 지역에 스페셜한 수준의 매장이 오픈할 때는 항상 요청되게 된다. 예를 들어 중국 베이징의 신광천지(SHINKONG DEPARTMENTSTORE)라는 백화점 같은 경우 중국에서 품격이 제일 높은 백화점이다. 스위스 스토어, 홍콩 하버 시티, 싱가포르 등등…. 그것은 플로우 상품과 함께 특별함을 더하여 그 매장만의 매출 동력을 추가하기 위한 요소로 제안되는 것들이다. 해당 지역의 머천다이징 헤드와 같이 기획하여 적은 수량이 되더라도 한정하여 특별함을 더해 진행한다. 럭셔리 비즈니스에서만 가능한 전략이다.

이것은 크리에이티브 디자인의 협조가 있어야만 가능한 협력구조 모델이다. 인적 시스템, 추가적인 디자인실과 샘플실, 자재실 등의 협조 수급시스템이 완비되어야 실행될 수 있는 구조이다. 이러한 것을 진행하기 위해 보통은 태스크포스 같은 형태의 프로젝트팀을 만들기도 한다. MCM에서는 익스클루시브 모델 시스템을 구조화하여 유니섹스와 스페셜팀을 병행 리드하였다. 커스터마이징 비스포크 시스템도 이러한 구조를 활용하여 제작이 가능하였다.

모나코 왕비 샤를린 위트스톡(Charlene Wittstock)을 위한 온리 원 스페셜 클러치 가방, 첼리스트 첼로 가방, 아티스트 콜라보레이션, 영화배우 재키 찬(성룡) 익스클루시브, K-POP 스타 레인(비) 익스클루시브, 수지 왕 스페셜 버전, 다수의 패션쇼 상품 등등…, 다양한 프로젝트들을 진행하였다.

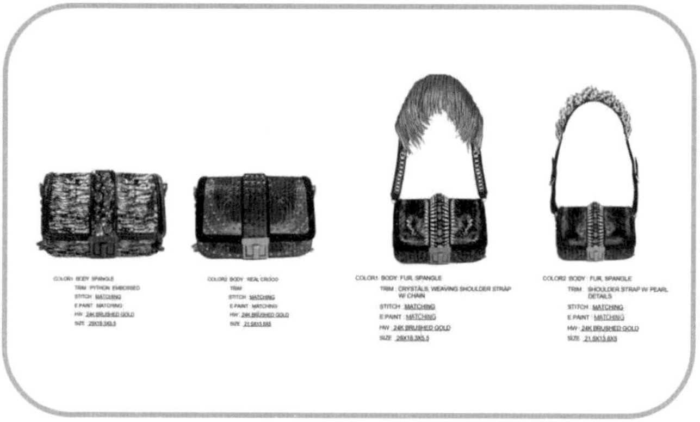

디자인 스케치 베리에이션 예시

3) 테스팅 패널 샘플 메이킹 : TESTNG PANEL & SAMPLE MAKING

소재는 브랜드의 속성을 결정하는 근거와 시그니처 이미지로 표현하는 강력한 수단이 될 수 있기에 아주 중요한 요소이다. 그리고 기본적인 퀄리티를 유지하는 것도 중요하지만 그 외로 다양한 소재의 적용을 통해서 디자인에 다양성과 특별함을 부가할 수 있다. 일차적으로 아이디어의 산물을 구현하기 위해서는 결정된 방향성을 가지고 그에 부합하는 결과물로 접근해 가야 한다. 여기에 창의적인 여러 가지 다양성이 자본을 베이스로 하여 투입되는데, 그때마다 샘플 전체를 모두 제작할 경우에는 시간, 물적 노동적인 낭비와 소요가 심하게 되어 이러한 비용을 절감하기 위한 방편으로 테스팅을 하고 모두가 연상하여 볼 수 있는 작은 단위의 유닛을 만들어 본다. 이러한 과정을 통해 문제점이 있는지, 효과가 좋은지, 추가로 개발을 진행하여야 할 가치가 있는지, 브랜드 철학과 맞는지 등을 결정하는 산출 근거로 활용할 수 있다. 이 단계에서 다양한 조사와 소재, 테크닉의 융합적인 활용이 가능해질 수 있다. 개별 디자이너의 창의적인 역량도 여기에서 발현된다. 발렌타인이라는 중소기업에서 크리스탈 스톤으로 보석 장식을 개발해서 매출을 일으키고 미국 백화점에 진출했었지만, 그 디자인 잔향의 연계성은 MCM에서 다이아몬드 스페셜 스타크 백팩으로 발현이 되었다. 기계 스터즈 장식과 함께 스와로브스키 스터즈를 같이 믹스하여 연계성을 이루어 디자인을 완성하였다. 특급의 소재 개발처는 보통 한 곳에서 이루어지는데, 이곳에서 프로토로 개발된 것을 보고 아이디어를 연장하여 다른 럭셔리 브랜드에서 구현되어 나오는 경우도 있다.

그라데이션 이펙트 같은 경우 MCM에서 먼저 개발되어 메인으로 생산이 되어 나온 후 타 럭셔리 브랜드에서 다른 컬러로 개발이 되었는데, 그 버전이 드롭시켰던 컬러의 버전이었던 경우도 있다. 해외 럭셔리 브랜드 루이비통에서는 이러한 조사와 소싱을 주로 하는 프로덕션 소싱 파트로 한 브랜드에 다섯 개의 팀이 경쟁적으로 움직이고 있다. 그들은 소재 개발에만 서로 경쟁하면서 서로 어떤 것을 개발하는지 비밀리에 조사를 하고 개발을 진행한다. 이에 반하여 국내의 조직 기반은 디자이너가 디자인과 소싱을 병행하는 시스템으로 이루어져 있으며, 그나마 조직이 큰 대기업들의 조직들도 소재에 대해 소싱 팀이 하나로만 이루어져 있고 관리적인 태도로 진행한다. 개발보다는 관리와 품질 가격 수급의 안정에 중요 방점을 두고 있다. 럭셔리 비즈니스 브랜드는 이미 이러한 것을 관리하는 조직이 있는 상태에서 신규 테스팅을 위한 다양한 미래 모델을 찾는 것에도 다양한 자본과 노력을 기울이는 점에서부터 격차가 발생하게 된다.

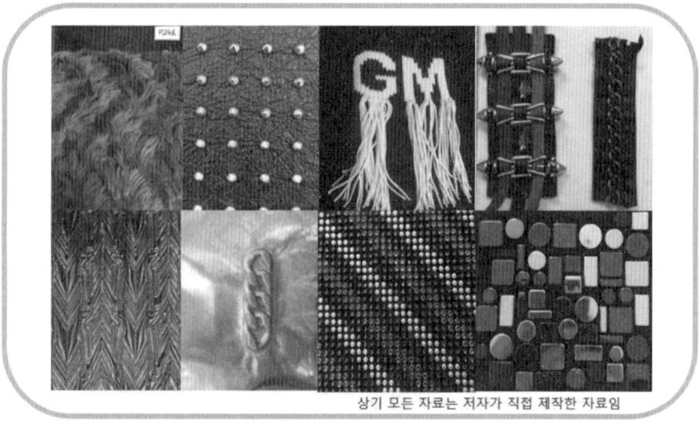

패널 모티프 메이킹 베리에이션 예시

4) 크리티컬 크리에이티브 프레임 워크 : BUILDING PORTFOLIO PRESENTATION

디자인 기획의 효과적인 전달을 위해서는 사전에 분석한 전체적인 모든 자료에 대해 이미 창의적 변환을 통한 디자인적 사고를 아이디어 스케치와 디자인의 목적성, 특징 등을 정리하여 준비한다. 창의적이고 감성적인 측면과 전략적인 특성을 융합하여 결과물에 반영되도록 한다. 이러한 베이스를 가지고 준비한 디자인이 어떤 우월적인 특징과 차별점을 가지고 진행되었는지에 관한 부분이 중요한 포인트이다. 개별적 아름다움과 특징은 기본으로 준비를 하고 여기에 흥미로운 디자인과 연관된 스토리, 특징들에 관하여 준비된 디자인은 소비자 및 다른 타 부서와 커뮤니케이션 하는 데 도움이 된다.

일차적으로는 디자인 기획 미팅에서 프레젠테이션을 해야 하고, 내부에서 결정이 된 디자인도 타 부서와 커뮤니케이션을 하기 위해서는 디자인 기획 의도와 특징, 개요 부분이 필요하다. 신생 브랜드이기에 투자를 받거나 글로벌로 진행하는 경우에도 필요한 요소이다. 그리고 상세한 제품설명서를 통해 웹 상세페이지의 특징에도 반영되기 때문에 일목요연하게 커뮤니케이션을 위해서 정리해 두는 것이 좋다.

소비자에게 사용 방법을 설명하는 설명서의 의미와 제품의 기획 의도를 같이 명기하는 방식을 통합하여 의미한다. 이러한 자료는 세일즈에 관련한 직원들에 대한 교육과 소비자와의 커뮤니케이션, 홍보 등 다양한 통로로 활용될 수 있는 기본 핵심 자료라 할 수 있다.

저자는 MCM에서 스타크 백팩의 다이아몬드 가격 레인지의 제품 구조를 확립한 이후 맥락을 같이 하는 후속 신규 스타일을 전략적으로 기획하였다. 그 스타일의 이름은 베베부라고 명명하였다. 마이크로 미니 사이즈의 백팩이면서 4가지의 착용적 변형을 할 수 있는 스타일을 디자인하였다. 이 스타일은 기획에 포함되어 있지 않았고, 기획하여 근접한 차이나 마켓에 먼저 익스클루시브로 제안하여 디자인 릴리즈를 진행하였다. 사실 레인지 플랜이라는 머천다이징의 요구도 없는 스타일을 기획하여 마켓에 바로 투입한다는 것도 현실성은 없는 기획이다. 그러나 요청과 기호가 맞아떨어질 때 하나의 테스트 마켓으로 생각하여 기존의 스트롱한 컬러와 다른 마카롱 파스텔 톤의 베리에이션 한 컬러감으로, 여성스러운 터치로 제안하였고, 소비자 수량의 지지를 받아 메인 스트롱 스타일로 편재되었다. 이 기획을 할 때 디자인 자체를 어떻게 변신 가능한지 디자인 디렉션을 도표화해서 공지하였다. 이러한 기획과 전략이 적절한 시너지를 일으켰다.

제품 샘플링으로 들어가기 전 단계에서 다양한 컬러와 소재의 조합을 준비하여 이미지 커뮤니케이션을 진행한다. 이러한 단계에서 현재 발전된 테크 인프라를 활용하여 AI기술을 적용할 수 있다. 그러나 브랜드의 핵심을 표현하는 스타일과 소재 등을 결정하는 것은 책임자급의 크리에이티브 디렉터가 결정하게 된다. 이러한 의견 수렴과 결정 과정을 거친 후 제품의 실물화 단계로 투입하게 된다. 이때 결정을 돕기 위하여 세부적인 모든 준비된 주변 환경 역량을 활용하여 자재와 테크닉적인 표현 방법들, 그리고 공방 등 역량을 총동원하게 된다.

우월성과 차별성을 가진 상품을 기획하여 파이널 제품으로 표출하고, 그것에 적절하고 상세한 설명을 체계화하는 것은 제품의 역량을 재정비하고 구조화하는 중요한 과정이다. 이 부분이 잘 준비되어야 마케팅을 통해 효율적으로 기획 디자인 의도가 전달될 수 있다.

5. 기획 머천다이징 구조의 구축

: Merchandising Structure Building

1) 카테고리 구조 확립

브랜드의 기획 머천다이징 시스템의 구조 확립은 럭셔리 브랜드의 철학을 반영하여 그 결론적 모습을 제품화로 표면화하여 짜임새 있게 구축하는 것이다. 온라인과 오프라인에 실물적으로 구현하여 전달하고 커뮤니케이션하는 전 과정에 관여하는 것이라 할 수 있다. 실물화되어 구축된 모습은 사회 현상 트렌드와 비즈니스 전체 시장 분석에 따른 미래 전망에 대한 예상결과라 할 수 있다. 제품의 성격 분류를 하는 카테고리 정립 플랜인 레인지 플랜을 통해 아이템의 카테고리를 확립하여 디자인 상품의 가치를 짜임새 있게 구성하고 전략화하여 제안하는 모든 활동이 머천다이징의 구조화라고 할 수 있다. 고투 마켓(GOTO MARKET)

을 위하여 제품의 성격을 구체적으로 캐릭터화하는 중요한 과정이다. 타깃팅한 소비자와 연동하여 브랜드 포지셔닝을 유념한 적절한 마켓에 적절한 시기를 고려한 타이밍을 가진 아이템을 공급하는 골격을 형성하는 작업이다. 이 시스템도 변화하는 마켓의 동향에 따라 많은 변화를 효율적으로 견인한다. 기본적인 구조의 시스템에 유동적인 변인 요소를 삽입하는 경우도 있고, 아예 구조 시스템을 다르게 정비하여 진입하는 케이스도 있다. 브랜드를 처음 정립하는 경우에는 브랜드의 핵심 상품을 중심으로 전략을 구축하는 작업을 진행하여야 한다.

기획자는 브랜드 철학의 중심 가치와 전략 사항, 그리고 경쟁사들의 동향 등 시장 전반의 변화에 대해 거시적인 안목을 항상 견지하고 있어야 한다. 디자인과 마케팅, 생산의 전체 운영 흐름을 포괄하여 이해하는 안목이 있어야 이에 대한 시의적절한 대응이 가능하다.

창조적인 직관과 영감을 가지고 표현하는 디자인 럭셔리 제품이 효율적인 판매 숫자로 매출을 항상 견인하는 것은 아니다. 이러한 리스크 매니지먼트를 위해서 보완적이고 전략적인 제품 구성과 카테고리를 확인하는 것은 중요하다. 이미지를 만드는 것과 매출을 일으키는 것은 또 다른 차원의 문제이다. 물론 예견한 이미지를 구현하는 상품이 큰 반향을 일으켜 효과적인 매출로 이어지는 것이 가장 환상적인 기획이겠지만, 항상 시장 상황에 따른 다양한 변수에 대한 대응 전략이 밑받침되어야 한다. 브랜드만의 가치를 반영한 체계를 가지고 구조화를 반영하고 전략적인 기획을 바탕으로 제품의 구성을 진행할 때 능동적으로 변화하는 시장 상황과 적절한 수습에 효과적인 대응을 할 수 있다. 특히 글로벌 비즈니스를 진행하는 경우에는 나라마다의 특성과 라이프 스타일을 반영한 선호 특색이 다양하게 나타난다. 이러한 지역적인 특성적 포인트를 제품구성에 반영하는 것이 당연하다. 지역의 바이어, 머천다이서들의 비즈니스 상황에 내한 분석을 기본으로 하여 각 브랜드 제품에 대해 다양한 지역적 관점으로 리뷰와 평가를 받게 된다. 그리고 그 결과는 제품에 대한 오더 수량으로 측정이 되고 일정 시즌의 판매 후 세일즈 분석을 기반으로 한 마켓 피드백을 통해 검증을 받을 수 있다. 그 데이터의 분석을 통해 검토 모델을 다시 분석하여 전략의 수정 보완해 좀 더 완성도 있는 자료로 활용한다.

새로운 브랜드의 런칭 시에는 진입하고자 하는 비즈니스 마켓의 선 상황 분석에 따른 전략사항을 구축한 것인지, 그 목적에 부합하는 전략 상황인 것인지에 따른 대처가 중요하다. 이러한 구성은 브랜드의 철학을 바탕으로 경쟁하는 상대에 대한 분석을 통해 차별적 우월성에 기반한 제품의 전략으로 구현되어야 한다. 카테고리 킹 상품은 그 카테고리를 대표하는 상품을 의미한다. 카테고리 킹 상품의 구성을 위해서 크리에이티브와 마케팅 파트, 머천다이징 기획 파트의 전략 상태는 항상 상호 보완적이고 조율되어 최상의 결과를 가져갈 수 있는 유연함을 잃지 말아야 한다. 그리고 변화하는 시즌 기획에 대한 물량의 변동과 이에 준하는 전반적인 준비 사항 등을 점검하는 예상 일정 수립으로 마일스톤을 기획하는 것도 머천다이징 전략 구조에서 중요한 역할 중 하나이다. 자재의 수급과 생산 일정, 물량의 배송, 분배, 가격 정책에 관한 책정 등을 총괄하여 정확한 일정을 업데이트하여 준수하는 업무 히스토리 체크의 역할을 병행한다. 즉 선 기획의 앞 단과 후단의 업무를 병행하면서 완성도를 더해가는 작업이라고 할 수 있다.

시장 환경 분석을 통한 연간별, 월별, 분기별 비즈니스 플랜을 설립하여 기획 방향에 대한 사전 플래닝 작업을 진행하여 워크 프로세스에 대한 세부 스케줄 조율, 디자인에 대한 사전 보완적 전략 방안을 수립하여 대처해야 한다. 머천다이징 파트에서 시장 환경에 대한 분석은 항상 데이터를 기반으로 진행한다.

기획에서는 수집된 데이터를 기반으로 개발 포트폴리오와의 방향성을 크리에이티브와 다른 시각의 전략을 수립하여 객관적인 시각을 제공하여야 한다. 카테고리별, 제품별 아이템의 특성을 분류하여 어느 부분에 집중해 물량과 재화를 투입할 것인가에 대해 숫자와 자본적 관점을 고려하여 구성한 계획안을 작성하여야 한다. 이러한 구조적으로 기획한 계획서를 킥 오프 미팅 후 프리 플랜 미팅에서 제안하여 기획 참여자 모두의 진행에서 염두에 둘 수 있는 기반을 제공하도록 한다.

버젯(BUDGET), 경비라고 표현하는 자본의 세부 투입 플랜을 설정하여 소요경비를 세분화하고 집행 계획을 선 기획 진행한다. 샘플 테스팅과 패널 테스팅, 공임에 대한 지불, 컬러 베리에이션을 통한 제품의 강화에 따른 전략 등 운영 전반에 대해 기본 구조를 세워야 한다.

글로벌 지역의 머천다이저는 시즌 컬렉션을 베이스로 하여 바잉 가이드라인을 수립하고 브랜드 정체성과 지역과의 연관성을 고려하여 상품 구성에 대한 바잉 전략을 수립한다.

바이어들에게 상품 설명회를 개최하여 파이널 샘플에 대해 설명하고, 브랜드의 전략과 세부 정책 가치와 철학까지 전달한다. 그리고 제품 가격에 대한 정책의 가이드라인을 제시한다.

탁월한 제품 디자인을 전개하였더라도 적절한 제품 물량 기획이 뒷받침되지 못하면 제품의 생명력은 힘을 잃고 만다. 반응이 있는 상품에 꾸준한 물량이 지속적으로 공급되었을 때 제품의 성장이 견인될 수 있다. 이러한 선구안적인 계획을 통해 물량 배분과 오더에 대한 관점을 체계적으로 구성하기 위한 공급라인 구축이 가능하고, 사전에 기획한 역량이 발현되게 된다.

한국 국내에서 진행하는 럭셔리 브랜드의 대부분은 본사를 외국에 두고 있는 형태이다. 바이어 리전 머천다이징 기획 입장을 가지고 있으며, 기획 머천다이징 부서는 본 기업에서 리드하여 진행하는 것이 일반적이다. 나라별 특성을 살려 바잉한 오더 물량에 대한 기획 구성을 통해 진행을 하는 것이 대부분이다. 본사의 기획 머천다이징은 물류와 생산에 대한 예측과 전반에 대한 플랜을 가지고 있어야 하고, 지역별 바잉을 하는 입장과 책임은 다르게 전개되고 계획된다. 엄밀히 접근해서 디자인과 생산물량 기획을 하는 기획 엠디와 바잉을 주로 하는 엠디는 그 기능과 역할이 상이하다. 계획으로 제품의 사입 바잉만 전문으로 하는 엠디는 생산과정에 대한 이해가 필요하다. 럭셔리 브랜드를 기획에서부터 디자인, 생산기획, 소싱까지 두루 직접 이탈리아와 프랑스 현지에서 체험하고 완성한 것과는 다르다고 할 수 있다.

시즌이 종료되고 난 후 상품의 재고에 대한 상황도 소진 플랜이 필요하다. 제품의 가치를 보존하기 위해서 럭셔리는 이 부분에 대한 관리가 중요하다. 그리고 소재에 대한 부분도 관리가 필요하다.

럭셔리 비즈니스의 확장 전개에 대한 기획이 유통 채널의 변화와 함께 다변화되고 있는 추세이다. 카테고리와 연동되어 카테고리가 보유한 잠재력에 주목하고 이곳에서 새로운 전략적 동인을 창조한다. 이러한 변화에 주목하여 온라인 플랫폼 시장이 커지고 있다. 그리고 특정 아이템에 포커싱하여 비즈니스를 런칭하기도 한다. 또 럭셔리 중고 거래 리세일 마켓에 주목하여 해당 비즈니스만 독점적으로 전개해 나가기도 한다. 이러한 경우는 특정한 브랜드에 집중하는 것이 아니고 여러 럭셔리 브랜드를 선별하여 진행한다. 이러한 경향은 럭셔리 재테크와 연동하여 소비자의 태도 변화에 집중하여 새롭게 생긴 비즈니스이다.

온라인 플랫폼을 중심으로 진행한다.

구찌는 럭셔리 리세일 플랫폼 '더 리얼리얼'과 파트너십을 체결하고 백화점과 오프라인 아웃렛에 판매되지 않는 상품을 공급한다. 다른 럭셔리 브랜드들도 리세일에 대한 전략을 별도로 구성하여 직접 참여하는 경우, 플랫폼에 들어가는 경우 등 다양한 각도의 전략을 구성하여 관리하고 있다.

기획 방법도 전통적인 것과 새로운 사회변화 양상에 따라 신규 비즈니스 기회의 틈새를 찾아서 변화를 이루고 있다. 기획자는 이러한 변화에 기획부터 관리까지 럭셔리 비즈니스 브랜드 전반의 구조를 이해하고 새로운 비즈니스의 동인을 찾으려 고심하고 있다.

메인 상품이라고 하는 기획과는 별도의 추가적인 기획을 통해 백화점 전용 라인을 구성하거나 익스클루시브 상품 등 여러 가지 별도의 패키지 기획으로 새로운 이미지를 주고 제품에 신선도를 더하기 위한 다각도의 기획이 동시다발적으로 진행된다. 이러한 다양한 기획을 움직이기 위해서는 전체를 조망하고 다양한 프로세스를 이해하는 역량이 필수적이다. MCM에서 수많은 익스클루시브 프로젝트(EXCLUSIVE PROJECT)와 글로벌 스팟 상품(SPOT)을 기획했다. 이러한 특별한 기획은 매장의 환기와 활력을 불어넣는 매출을 견인시키는 역할을 한다.

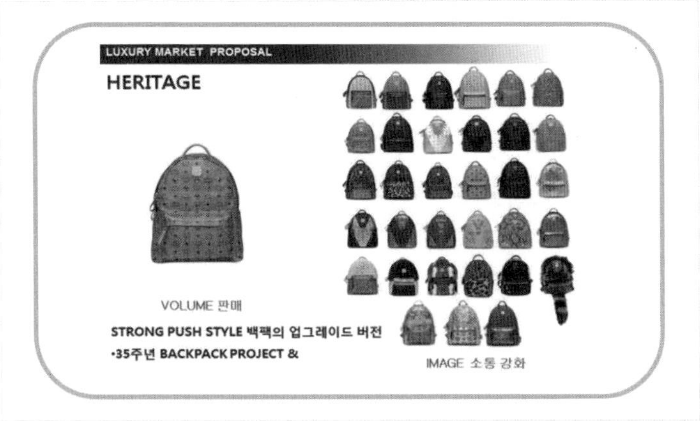

카테고리 킹 메이킹 예시 : 브랜드 아이덴티티
(글로벌 히트 디자인 스타일 제안, 럭셔리 하이 프라이스 스트럭처 제안)

2010/10~2020/04 MCM ART DIRECTOR로 10년을 재직하며 DIAMOND STRUCTURE BUILDING을 통해 제품과 가격의 피라미드 구조를 확립하였다.

위의 표는 헤리티지에서 추출한 상품을 스트롱 푸쉬 스타일 카테고리 킹 상품으로 제안하는 전략을 이미지로 도식화한, 2011년에 제작된 프리젠테이션 시트이다. 그 당시 MCM 제품의 가격 매트릭스 구조에서 매스티지 코어 프라이스로 팔 수 있는 중심 가격대는 60~80만 원대였다. 회사의 매출을 증대하고자 하는 목적을 가질 때 제품 측면에서 머천다이징의 구조적 방법은 신규 아이템을 확장하는 방법과 제품의 가치를 높이는 방법이 있다. 그런데 기존 제품의 가격을 올리는 방법과 가치가 좀 더 높은 레이블을 디자인하여 개발 완료해 소비자에게 전달하여 가격 존을 올려 매출을 상승시킬 수 있는 방법이 있다.

MCM이 글로벌화로 성장하는 것에는 명품화가 급선무였다. 그러나 당시 상태의 상품 그대로는 럭셔리 비즈니스에서의 경쟁력이 없다고 판단되었다. 왜냐하면 이미 MCM은 독일 오리진의 글로벌 브랜드였기 때문이다. 하지만 본인이 입사한 당시에는 한국이 매출의 중심을 이루는 브랜드였다. 해외에서는 일본에서 MCM빈티지로 거래가 되고 있었고, 독일 현지에 몇 개의 플래그십 스토어만 있을 정도였다. 글로벌에서는 그리 큰 반향을 가지는 브랜드가 아니었다.

이런 상태에서 원래 일반적인 회사들은 유명 크리에이티브 디자이너를 영입하여 새롭게 일을 의뢰한다든지, 새로운 전략팀을 구성하여 기존 업무를 하는 팀과는 별개로 독립체로 운영하는 것이 일반적이다. 내가 MCM에 입사한 후 개인적으로도 글로벌화에 관심이 많았던 관계로 스페셜팀이라는 타이틀을 달고 난이도가 있는 업무들을 케어하기 시작하였다. 난이도가 있는 업무들은 보통 귀찮고 손이 많이 가고, 남들이 처리하기 꺼리는 업무를 의미한다. 예를 들어 글로벌 해외 유명 첼리스트의 가방을 맞춤으로 제작하는 것 등을 의미한다. 럭셔리에서 흔히 하는 비스포크 의뢰이다. 이러한 경우 패턴도 없고 그 첼리스트가 소유하고 있는 첼로의 크기에 맞추는 비스포크 형태로 업무가 진행되어야 한다. 그리고 모든 수준이 럭셔리로 맞추어져야 한다. 퀄리티도 럭셔리하게 제품이 완성되어야 한다. 자재와 소재, 실의 두께, 내부의 안감 등 퀄리티와 브랜드의 수준과 받는 분의 만족도, 그러한 눈높이에 맞게 완료되어야 한다. 해외 잡지에 홍보되어도 훌륭한 장인 정신이 깃들어 있는 제품으로 완성되어야 함을 의미한다. MCM만의 브랜드적 헤리티지가 바탕이 된 퀄리티가 발현되어야 한다.

이러한 상황에서 개발실과 샘플실의 인력들은 기존의 업무와 이 일을 같이 병행해야 하므로 일반적으로 하는 일보다 더 성가셔하는 게 보통이다. 일반적인 업무를 다루는 화이트 컬러의 직장인들과 견주어 보면 개발실이나 장비를 현장에서 다루는 장인들은 케어와 소통에 있어서 커뮤니케이션이 더 터프한 경우가 많다. 그래서 이슈가 좀 심화될 경우 디자이너들이 심리적으로 타격을 입거나 트러블이 생기는 상황이 발생하기도 한다. 이런 경우 커뮤니케이션으로 적절히 다독이면서 이해를 구하고, 또한 강력하고 단호한 리더십과 오너십으로 사명감과 함께 럭셔리적 퀄리티를 구현하는 것이 중요하다.

아울러 이러한 난관을 거쳐서 샘플이 완성되더라도 샘플만 만들어서 완료되는 것이 아니다. 이 제품이 결국 생산공장에서 생산, 제품화가 가능하도록 기획 디자인 초반부터 디자인 구조상에서 보완하도록 한다.

저자는 이미 신규 브랜딩 런칭에 대한 경험과 많은 기능성 장식, 소재를 개발한 다양한 경험을 쌓은 숙련된 노하우를 가지고 있다. 그리고 이러한 상호 신뢰를 기반으로 지속된 관계를 쌓아왔다. 아울러 머천다이징의 구조적 측면에서 프라이스 존을 SEMI GOLD/GOLD/DIAMOND로 구성한 MCM 제품의 구조를 확립하였다.

앞에 첨부한 표는 그것을 나타낸다. 즉, 기본 백팩 가방을 콘셉트로 데코레이션과 디자인 디테일을 모두 다르게 구성하여 제안하였다. 사실 국내에는 장인적인 이펙트를 연구하는 곳이나 해외에서 보유한 다양한 장인적 테크닉을 갖춘 자재는 없는 상태였으나, 디자인적 심미안과 융합을 통해 제품력을 커버하였다. MCM에서 배워서 개발한 것이 아니라, 이미 축적된 경험과 노하우를 가지고 그것을 활용하여 브랜드의 규격에 맞춰 표현한 것이다. 그리고 제품의 가격을 높이는 것으로 책정해서 이러한 이미지와 디자인을 표현하는 모든 디자인과 전략을 총괄하였다. 왜냐하면 이러한 프로젝트와 메인 라인들은 전적으로 저자 개인의 역량 표현에 좌우되는 것들이기 때문이다. 그리고 중요한 포인트는 이 디자인 전략을 브랜드의 정체성 헤리티지에서 추출하고, 그 전략안을 한 시트로 표현한 후 탑 매니지먼트에게 직접 리포트 하여 컨펌을 진행한다. 비용이 소요되는 모든 것은 컨펌과 가이드의 프로세스를 가지고 이 전략에 대해 회사 전체에 프레젠테이션 메일로 공유한다.

그리고 대면 미팅이 필요한 부서는 따로 긴밀한 미팅을 수 차례 진행한다. 그 시점부터 다시 디자인 수정과 베리에이션을 진행하는 동시에 소재와 디테일을 구현하여 제품 샘플링까지 병행한다. 즉 콘셉트의 기획부터 프라이스적 밸류의 지향점, 소비자의 눈높이, 마케팅적 만족도, 이미지의 정체성, 그리고 세부 실무진들과의 거듭된 조율, 마지막으로 실무적 샘플링의 디자인 컨펌까지 이루어진다. 그리고 파이널 전략 셀링 포인트 프레젠테이션까지 제품과 브랜딩의 전체 라인 조망과 프로세스를 섭렵하여 제안한다.

저자는 수많은 내로라하는 외국 디렉터 셀럽들, 아티스트와 협업하였으며, 럭셔리를 기반으로 개성이 강한 디렉터들도 긍정적인 협업과 반응, 존중을 이끌어냈다. 이러한 것은 결국 매출에 대한 증빙과 거듭된 디자인 가이드에 대한 증빙, 그리고 럭셔리 업계에 몸담은 그들의 수준에도 만족을 전달하는 수준이 되었기 때문이다.

아머(ARMOUR)(FUNK ROCK LUXURY) 디자인
제품 디자인 개발을 위한 세부 디자인 단계 예시
(MATERIAL & GRAPHIC DESIGN DEVELOPMENT PROCESS)

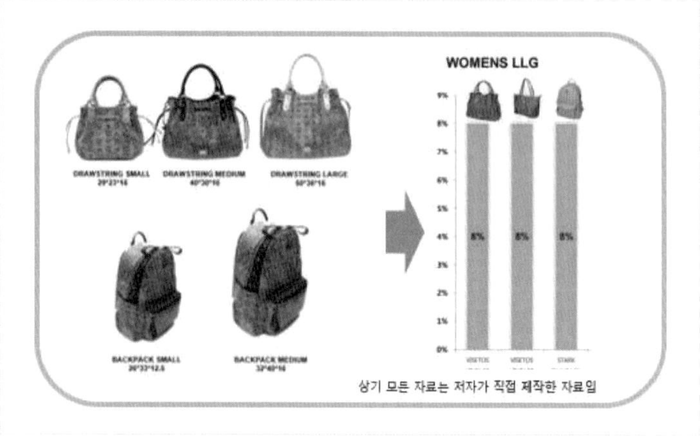

아머(ARMOUR)(FUNK ROCK LUXURY) 디자인
비어 있는 포텐셜 스타일을 디자인하여 제안. 매출 1위와 지속성 있는
디자인 샤퍼형 드로우스트링, 멀티펑션

제품 샘플이 완료되어도 바잉이 되어 스토어에서 셀러블 하게 제품력을 가미하여 고객에게 팔려나가야지 결과가 매출로 완수될 수 있는 시스템인 것이다. 그리고 디자인과 디테일을 진행하는 것도 개발실과 소재, 자재 디테일, 국내와 해외의 샘플실을 설득하고 자재의 수배와 그 봉합 시점의 날짜 조율 등 많은 커뮤니케이션이 필요한 프로젝트이다. 전략과 디자인, 매니징, 그리고 이러한 업무를 총괄하는, 이전에 없던 포지셔닝이었고, 없는 분야를 새롭게 구축하는 작업이었다.

개발실 장인들도 원래 기본적인 쉬운 라인을 만들어 생산공장으로 넘기는 것에 익숙했었던 업무 형태였기에 안 하던 메이킹 디테일이 많은 작업을 진행하는 것에 힘들어하고 불평이 많았었다. 이러한 상황을 유연하게 조율하는 것도 생산 부분장에게 협조를 이끌어내고 계속 성과를 낼 수 있도록 상황과 새로운 업무 영역과 공간을 만드는 작업도 기존에 없었던 업무가 생기는 것이기에 엄밀히 계산하면 원래 하던 업무량이 세 배 네 배로 늘어나는 일이었다. 이것을 업체에서 직접 수배하고 조율하여 여러 가지 규모를 맞추어 지속적으로 감당할 수 있는 물량과 매출로 가격대를 안착시켰다.

본래 커머셜 팀이 가장 안정적이고, 원래 내가 맡은 팀은 신생팀이어서 꺼리는 업무나 힘든 일을 하지 않으려는 심리가 있었다. 그러나 이후에는 매출과 디자인 부분에서 저자가 제시한 디자인 디테일로 전체 시즌과 세미 골드 라인 등 전 라인 매출이 모두 올라갔고, 이 같은 수치적 입증 결과를 글로벌화와 럭셔리 존에 안착하게 되었다.

보통 브랜드를 런칭하더라도 가격대를 올릴 수 있는 블랙 라벨, 블루 라벨 등으로 제안하지만, 간혹 매장에 유입되는 고객에게 외면받아 그 상품이 소멸되는 경우가 많다.

하지만 전략을 세우고 이것을 MCM 글로벌 전략과 맞물리도록 하여 제품을 고급화해 브랜드 입지를 굳히도록 디자인을 제안한 것이 호평을 받았다. 이러한 결정 또한 브랜드를 진두지휘하는 오너의 결정이 있기에 가능한 일이었다. 그리고 매장에서의 반응이 제일 중요한 것은 두말할 것 없는 진리라고 할 수 있다. 소비자 반응과 셀럽, 럭셔리 고객의 반응이 35주년 기념 라인 기획부터 온리 원 상품을 판매하라고 요청이 들어왔다. 그래서 그 제품을 경매로 진행하여 수익금을 자선기부하였다. 이것이 스페셜 익스클루시브의 효시가 되었다.

대규모의 특별전도 있는데, 2018,19년 미국 노드스트롬 백화점(Nordstrom Departmentstore)과의 콜라보레이션이 그러한 케이스이다. 그리고 2011년 일본의 러블레스(LOVLESS) 편집숍과의 콜라보레이션, 이탈리아 루이자 비아 로마(LOUISA VIA ROMA SELECTED SHOP) 등이 이러한 케이스이다. 일본 이세탄 백화점에서의 팝업과 영국 헤로즈 백화점 익스클루시브, 홍콩 하버시티 등 나라와 장소를 가릴 것 없이 너무 많다. 이러한 경우는 해당 업체에서 모두 기획에 대한 발주와 비용을 모두 부담하고 진행한다. 원하는 방향성에 대해서 충분히 논의하고, 디자인 기획을 제시하며 서로 상의하는 시간을 가진다. 그리고 샘플링을 진행하여 그것으로 홍보를 위한 사진 촬영을 진행하고, 상품을 생산하여 매장에 '딜리버리 인'하는 전체 스케줄을 프로젝트 스케줄 안에 담아야 하며, 시일을 준수하여야 한다. 게다가 외국에 위치하여서 글로벌 배송에 대한 스케줄링 또한 감안하여야 한다. 이러한 프로젝트를 매니징할 때 브랜드의 이해가 완벽해야 하고, 소재와 생산 등 모든 부서와 기획에 대한 조율이 가능하여야 한다. 중국 마켓을 중요하게 생각하여 신콩(SHINKONG DEPARTMENT) 백화점 익스클루시브는 항시 진행한 프로젝트였다. 중국 베이징의 신광천지 백화점은 중국에서도 가장 상위 레벨의 소비자가 방문하는 장소이다. 이러한 장소에 입점하는 것 자체가 럭셔리의 반열에 오르는 중요한 장소이다. 그리고 또 한 가지, 다른 콜라보레이션은 아티스트와 진행하는 아티스트 콜라보레이션 프로젝트이다. 이 프로젝트는 마케팅 부서와 긴밀한 협업을 하여 해외의 유수한 아티스트와 협의하고, 제품에 대한 아이디어를 직접 기획, 제안하여 아티스트의 요구를 MCM 브랜드와 믹스하는 역할을 진행하였다. 이러한 프로젝트를 위하여 그래픽을 구현하고 이탈리아 소재 업체에 직접 커뮤니케이션하여 샘플과 메인 제품 생산을 위한 자재의 수급까지 고려하여야 한다. 게다가 이러한 프로젝트의 경우는 마케팅 홍보를 위한 제품이 샘플 단계에서 여러 세트가 필요하여 이것을 컨트롤, 기획하는 것도 전체 비용과 딜리버리까지 모두 고려해야 한다. 그리고 이때 기획한 것이 해당 국적 아티스트와 회사의 의사에도 부합이 되어야 하기에 아주 복잡한 프로세스를 거치게 된다. 제품에 대한 머천다이징 기획, 소재, 장식, 생산, 디자인 기획과 피드백 수정 보완 등을 망라하여 전체 스케줄을 조망해야 하는 일이다.

이와는 별개로 한류를 표방하는 특정 아이돌 그룹과의 콜라보레이션, 비(RAIN) EXCLUSIVE, 모나코 왕세자비 가방과 첼리스트 가방 케이스 등 특정 셀럽을 위한 온리 원 상품도 해당된다.

2) 상품 전략 설명회 PRESENTATION MEETING

제품을 구매하여 판매하고자 하는 글로벌의 대표 리전 바이어와, 상품을 직접 판매하는 직원 대상의 상품 설명회를 개최하고 진행을 총괄한다. 이 미팅을 위해서 마일 스톤 스케줄을 정비하여 완료된 샘플의 입고 시기를 조율하고, 적절한 설명회 진행을 위한 디스플레이를 기획한다.

상품 설명회 준비를 위해 디테일한 상품 설명서와 함께 실물 소재 조각을 실물 견본으로 준비한 것, 스와치, 가격에 대한 정보, 제품에 대한 브랜드의 전략 사항 등 기획자의 시각에서 시장 상황과 비교, 조율한 포지셔닝으로 객관화한 상태로 분석을 진행한다. 이는 객관적인 분석 자료의 기준을 제공하는 데 중추적인 역할을 한다.

일정 시즌 마감 후에는 세부적인 미팅에 대한 피드백을 정리하여 관련된 유관 부서와 커뮤니케이션을 진행한다. 그리고 여기서 발견한 문제점들을 해결하도록 유도, 리드한다. 이러한 문제점들을 유연하고 창의적, 협업적 방식으로 풀어내어 가는 방식에는 브랜드 기획의 선구안적 리더십이 요구된다. 머천다이징 기획 부서는 소속 브랜드의 내부 데이터 자료 수집을 분석하여 다음 기획을 위한 토대를 마련한다. 이러한 상호 피드백의 자유로운 정보교환을 통해 전략적인 보완을 지속적으로 완성해 나간다.

아울러 이미지 상품과 코어 상품 등에 관한 가이드와 정보를 전달하여 매장 환경에 대한 디스플레이 방침과 물량 기획에 대한 조절을 함께 병행한다. 오프라인 매장의 연출 계획도 시즌의 물량 공급계획과 연동하여 진행된다. 온라인의 로테이션 플랜은 전체의 흐름 기획과 함께 많이 검색한 검색어와 연동하여 상품을 기획하여 연관된 상품을 같이 스타일링해 제안하기도 한다.

예컨대, 몽클레어(MONCLER)에서 기존의 것과 다른 개념의 획기적인 머천다이징 기획 플랜을 제안했다. 디자인의 패스트 카피 문제가 심각해지는 상황이 지속적으로 발생하자 기획을 패션쇼와 동시에 오더하는 시스템으로 바꾼 것이다. 그리고 신규 제품의 로테이션 주기 개념을 시즌 개념으로 하던 것을 뒤엎고 열 개의 각기 다른 디자이너의 리드로 고투마켓이 진입되는 시스템으로 변화를 주었다. 기존의 진입 블록 방식을 흔드는 혁신적인 방법으로 새로운 가능성과 전략적인 제안을 선행한 것이다. 이후 콜라보레이션 개념이 더욱 활발하게 진행되는 파급력이 생겨났다.

6. 기획 마케팅 구조의 확립

: Marketing Structure Building

1) 헤리티지 디자인을 기반으로 한 마케팅 전략 구축 : HERITAGE & FLOW DESIGN

완전히 새로운 것을 지향하여 브랜드를 구축하는 것도 좋지만 역사와 전통이 있는 바탕에서 시작하는 것이 더욱 풍부한 이야기와 가치를 전달할 수 있다. 시간의 흐름과 다수의 지성을 기반으로 쌓인 유산 위에 디자인을 상품화하여 발현시킬 때 예술적 가치와 견고함부터 다르게 접근할 수 있다. 즉, 새로운 아이디어가 과거의 산출물을 바탕으로 도출되었을 때 그 가치가 더욱 단단하게 출발할 수 있다는 것이다.

브랜드가 가지는 정체성의 근본은 헤리티지 라인으로 반영된다. 해당 브랜드가 지향하고자 하는 방향성이 담긴 역사적인 기록의 디자인이라고 할 수 있다. 세월이 축적된 브랜드는 그 브랜드만의 역사를 가지게 되어 정체성을 이룬다. 그곳에서 유래된 라인들을 헤리티지화 하여 보관하게 된다. 긴 역사를 가진 럭셔리 브랜드들은 박물관의 형태로 보관하기도 하고, 자료화한 형식으로 정리하여 보관하기도 한다. 이러한 데이터가 없는 신생 브랜드의 경우에는 브랜드 가치를 기반으로 한 스토리를 구체화하여 반영한 제품 디자인 그룹을 설정하여 염두에 두고 디자인에 노력을 가하는 것이 좋다. 브랜드의 스토리텔링이 헤리티지적 요소와 함께 가치구현 전달을 베이스로 하는 시발점이 될 수 있기 때문에 이러한 모든 노력들은 중요하게 다루어져야 할 요소들이다. 이처럼 모든 접점들이 반영되어 스토리 메시지와 철학을 구현하여 마케팅을 위한 베이스로 적용하는 것이 중요하다.

브랜드의 정체성을 실물적으로 구현한 중심 디자인 라인과 그 라인을 중심으로 파생된 트렌드를 반영한 플로우 라인들로 구성하여 브랜드의 확장 경로를 구체적으로 발현해 나가는 것이 좋다. 제품의 속성을 헤리티지와 현대적인 중심 라인 플로우와 트렌드군으로 분류하기도 한다. 이러한 속성에 대한 정립이 마케팅 전략을 위한 구축과도 긴밀하게 연결된다.

현대에는 고전적인 커뮤니케이션 방법뿐만 아니라 다양한 경로의 방법으로 브랜드 커뮤니케이션이 진행되고 있기 때문에 커뮤니케이션 방식의 선택은 매우 중요하다고 할 수 있다. 전략적이고 독특한 마케팅 방식은 그룹문화를 형성하여 브랜드와 함께 고객을 다른 차원으로 이미지 메이킹하는 동시에 포지셔닝할 수 있기 때문이다. 특징적이고 두각을 나타낼 수 있는 전략적인 마케팅 방식은 그 선정만으로도 특별함과 브랜드의 정체성을 표현할 수 있다.

마케팅의 구조 확립에 있어 제품 이해와 구조 분석은 브랜드의 모든 전략 수립의 토대가 된다. 그러므로 브랜드의 기획과 제품의 구조에 관하여 디자인 기획과 밀접한 상호 커뮤니케이션이 중요하다.

헤리티지를 가지고 있다는 것은 역사를 내포한 시간의 축적을 지님을 의미한다. 트레블 라인과 평상시 사용하는 용품을 포함, 스포츠 라인과 쥬얼리, 와치류, 오케이젼(occasion) 라인, 스페셜 버전의 테마를 포함하여 다양한 군의 히스토리들이 제품과 함께 헤리티지화하여 잔존해 있다. 해외의 럭셔리 브랜드들은 이러한 헤리티지 그룹을 보유하고 있는 것이 당연하지만, 국내에서 헤리티지가 있는 브랜드를 경험해 보기는 쉽지 않다. MCM에서는 헤리티지 그룹을 재정비하는 프로젝트를 단독으로 진행하였는데, 이때 진행한 샘플의 아이템 숫자만 해도 200여 개가 넘는다. 여기에 컬러가 세 가지로 진행되니 600여 가지가 훌쩍 넘는 라이프 스타일을 구현하는 그룹이 진행되는 메가 프로젝트가 되었다. 이러한 헤리티지 그룹의 리비지트 & 리바이벌 같은 프로젝트에서는 근본 속성에 대한 기본을 재정비하고 오리지널을 구현하는 것이 가장 중요하다.

브랜드 오리진이 되는 필요한 소재와 소싱처를 재정비하고 소재의 퀄리티와 기준, 통일된 내부 사양, 바느질의 땀수와 실의 두께 종류까지 지정한다. 공통으로 진행되는 내부 사항을 구성하는 스펙의 정리와 브랜드를 직접 표현하는 데에 사용되는 불박 금형, 그것이 표기되는 위치에 대한 정리까지 세심한 관리가 필요하다. 이러한 그룹과 라인 정비를 위해서는 타 부서와 업체들의 협조가 절대적이다. 물론 쉽게 진행되는 프로젝트는 없다. 협조를 구하고 동일 목표를 바라보기 위한 협의 단계와 수긍을 위한 눈높이를 맞추는 과정이 필요하다. 이 과정이 항상 분위기 좋게 진행되기를 기대하기는 어렵다. 특히 다수의 다양한 글로벌을 망라한 규모의 협업체들과 같은 기준을 바라보는 퀄리티를 실물화하는 것에는 다양한 커뮤니케이션 단계와 프로세스 구축을 위한 결정들이 필요하다. 중심 그룹을 가지고 있는 브랜드의 마케팅 기초 전략 구축은 제품에 대한 정신 구현과 연동된다고 할 수 있다.

브랜드의 근본을 이루는 중심축이 헤리티지 플로우 라인이라고 정의한다면, 이와 동시에 카테고리 킹으로 만들 수 있는 마케팅 전략과 연동되는 제품기획이 더욱 필요하게 된다. 스페셜 프로젝트들은 일반적인 머천다이징 구조의 제품기획과는 별도로 마케팅적인 전략과 더욱 맞물리는 프로젝트라고 할 수 있다. 마케팅을 위한 활동도 다양하겠지만, 결국 제품의 선순환을 위한 홍보가 주목적이기에 제품이 동반된 이슈메이커를 만드는 활동이 스페셜 프로젝트라고 할 수 있다. 그런 점에서 스페셜 프로젝트는 마케팅과 카테고리 킹 제품을 만들기 위한 다각적인 노력의 일환이다.

스와로브스키(SWAROVSKI)는 크리스털 주얼리로 알려진 브랜드이다. 완제품과 함께 다양하게 가공한 크리스탈 원석과 그것을 활용한 소재를 판매한다. 이 소재 중 새로 개발된 크리스탈 락(CRYSTAL ROCK)이라는 작은 크리스탈이 가득 붙어 스웨이드 같은 기모에 구현되어 있는 소재가 개발되었다. 탈 리의 위험이 있어서 팔찌 정도의 1㎝ 두께인 가느다란 소재와 메시 튜브 안에 가득 들어있는 라인으로만 활용되었다. 이 소재 견본을 받아본 뒤 다이아몬드에서 영감을 얻었다.

이후 중국에서 라이징 스타로 MCM이 떠오르고 있는 상태였기에 그 위상을 공고히 하는 베이징 단독 패션쇼를 기획하게 되었다. 당시에 이 스페셜 프로젝트에 아주 특별한 위상의 신규 라인을 기획하여 개발하기로 플랜을 짰다. 지금은 이 소재를 다른 브랜드들도 많이 쓰지만, 당시에는 이 소재를 큰 면적에 사용하는 것, 크게 개발하는 것 자체가 완전히 새로운 시도였다. 오스트리아 스와로브스키 본사의 자재 개발실에서도 개발을 어려워했지만, 이 소재에 대한 확신과 개발에 대한 확고한 의지로 개발을 리드하고 매니지먼트를 해서 완성된 샘플을 제작했다. 그리고 신소재를 이용하여 기존 고가 라인 보다 한 단계 더 위의 하이 프라이스 레인지 다이아몬드 프라이스 급의 스페셜 패션 쇼 라인을 개발하였다. 또 베이징 쇼에서 익스클루시브 쇼 상품으로 구현하여 특별한 상품을 소개하고 홍보하기도 했다.

카테고리 킹 메이킹 예시 : 브랜드 아이덴티티
글로벌 히트 디자인 스타일 제안. 럭셔리 다이아몬드 프라이스 & 신소재 적용

그 후 그 상품을 일반 매장에서 다이아몬드급의 상품으로 판매하기 위해 모든 리스크를 제거 한 샘플을 완료했다. 이러한 과정은 대량생산(매스티지 생산)을 위한 프로세스 라인을 구축했다는 의미이다. 오스트리아 스와로브스키 본사에 가방 원본 패턴을 보내서 기계의 미싱선을 감안한 그 패턴에 따라 크리스탈 락(CRYSTAL ROCK)이란 신소재를 배치하여 오스트리아에서 원본 소재패턴을 제작하여 한국으로 받는 난이도 있는 과정을 거쳤다. 이러한 과정만 해도 최소한의 일정으로 한 달 반이 넘게 소요되었고, 관련한 커뮤니케이션 역시 모두 직접 주관해 진행한다. 물론 통관과 가격의 절충 관련한 타 부서의 협조도 함께한다. 매 순간마다 바른 판단을 추구하는 결정을 하고 내용을 중간에서 진두지휘하면서 가름을 하는 것은 모든 과정의 혼선과 시간낭비를 줄이는 중요한 과

정이다. 새로운 일을 진행하는 일은 샘플비를 지불한다고 해도 업체에서 거절하거나 답을 안 주며 무시하는 듯 샘플을 안 만들어 주는 경우가 다반사이다. 이처럼 디자인 기획과 프로젝트 리딩을 위한 커뮤니케이션을 진행하는 험난한 과정을 거치고 샘플이 완성되어 베이징 단독 패션쇼에서 격찬을 받았다.

이후에 실제로 제품화하여 양산하기 위해 생산 전 미팅을 가지게 되었다. 그런데 이때, 항상 그래도 같이 보조를 맞추어 주던 리드 테크니션의 본부장이 이 제품은 절대로 생산을 못 한다고 모든 실무 액션을 스톱시켰다. 이러한 상황에서 누가 책임을 지려 할 수 있을까? 그 당시 그 현장에서 내가 자리와 월급을 걸고 책임지고 진행하겠다고 모두를 독려하여 일을 성사시켰다. 메이킹 과정상 재단하여 미싱을 하는 경우 굉장히 섬세하고 비싼 꾸투르 재질의 재봉을 할 때 크리스털 스톤이 탈리될 위험도 있고, 사용하다가 떨어질 수도 있다. 물론 크리스탈 스톤이 약간씩 떨어질 수밖에 없지만, 그 라인은 결과적으로 다이아몬드 프라이스로 책정되어 아주 많은 판매를 이루었고, 그 이후에 계속 컬러를 다르게 반영하고 또 심지어 그라데이션 효과, 프린트 효과를 가미한 것까지 발주를 거듭해서 장수하는 디자인 라인이 되었다. 이런 케이스는 트렌드 라인이 브랜드의 정체성에 귀속되는 단계를 거쳐 플로우 라인이 되는 과정을 보여준다.

항상 프로젝트를 리딩하는 결정권을 가진다는 것은 책임감과 개발에 대한 지식, 이해를 바탕으로 한다. 이러한 강력한 프로젝트에 대한 확신과 의지는 구성원 간의 협력을 도출하여 발전된 방안을 이루게 한다.

2) 마케팅 전략 구축(MARKETING STRUCTURE BUILDING)

정립된 브랜드의 근본 철학과 가치를 어떻게, 어떤 방식으로 전파, 확산하느냐에 관하여 큰 틀의 기본 커뮤니케이션 방안을 구축한다. 현대에는 각 브랜드가 추구하는 주체적 페르소나와 추구하는 방향성의 관점에 따라서 그 태도가 다양하게 달라질 수 있다. 중요한 점은 전달하고자 하는 것을 얼마나 일관성 있는 관점으로 전달하느냐가 그 브랜드에 대한 소비자의 태도를 결정한다는 점이다. 마케팅 전략은 브랜드의 철학과 핵심 가치를 형상화하는 단어, 그리고 문장으로 표현될 수 있다. 이러한 총괄적인 메시지와 관점을 결정하고 그 기반에 맞추어 세부적인 전략안을 구축한다.

소비자와 만나는 최종의 접점에서 활발하게 방향성을 지속적으로 정립하는 단계가 마케팅이라고 할 수 있다. 크리에이티브적 영감과 잘 짜인 기획에 의한 전략적 방향성을 이벤트와 홍보를 통해 적극적인 전파를 이루는 방식을 취할 수 있다. 최근 들어서는 매체의 다양화에 따라 그 방식이 더욱 다채로워지고 있다. 온라인과 오프라인의 다양한 융합점을 모색하여 접근하는 선택과 기법이 더욱 다양화되는 추세이다.

어떠한 방식으로 마케팅의 세부 전략 방식을 구축하느냐가 브랜드의 정체성과 컬러를 나타내는 데 중요한 역할을 하게 된다. 진입하고자 하는 마켓의 포지셔닝에 적합한 커뮤니케이션 방식을 선택하여 진입하는 방식을 취하여야 한다. 혁신적이고 차별화된 마케팅은 브랜드의 입지를 색다르게 포지셔닝 할 수 있다. 이러한 새로운 방식의 추구를 위하여 관련이 없는 이종 비즈니스 간의 연합과 접점을 통하여 새로운 확장을 도모한다. 홍보 효과를 극대화하기 위한 다양한 시도는 계속되고 있는 추세이다.

문화와 예술, 영상, 스포츠, 엔터테인먼트와 쇼의 형태, 프라이빗한 이벤트, 고급 휴양지의 호텔을 빌린 라이프 스타일을 반영한 쇼케이스, 럭셔리 자동차, 와인 등의 스페셜한 주류로 대변되는 식음료 문화도 같이 브랜드와 결합하여 복합적인 이미지 증대 효과와 함께 시선을 끌 수 있는 상황에 대한 연출을 지속하고자 한다.

전시회와 체험 이벤트를 연계한 같은 공간에서 경험의 여정을 체험하는 것으로 제품과 브랜드의 가치, 새로운 매개체가 복합적으로 연결되어 새로운 가치를 창출하는 이미지의 전이를 이룬다. 게다가 한 장소에서 여러 가지의 경험을 누릴 수 있는 모델로 새롭게 진화하고 있는 추세이다. 그리고 사회 변화 트렌드와 맥락을 같이 하는 다양한 방식의 문화적 활동과, 연계된 모든 표현 매체를 통한 커뮤니케이션 방식들, 다채널적인 소통방식을 취한다. 이러한 커뮤니케이션과 메시지 발신의 홍보방식은 독창적인 것을 계속 찾고 있고, 때로는 기존의 전통적인 방식을 취할 수 있다.

소비자와 대중을 향해 전략적으로 소통하기 위해 마케팅의 전략을 구축할 때 스토리텔링을 활용하는 것이 요즘의 대세론적 방법이다. 스토리텔링이 중요한 방법이기에 앞서 별도의 챕터로 신화와 같이 구성했지만, 다양한 공감의 전달을 위한 세부적인 전략 구조를 도출하여 하나가 성립되면 연계하여 가지를 이루고, 마케팅 세부 활동 영역의 전개, 구축이 가능하다. 즉, 작게는 디자인 제품의 인스피레이션을 일차원적, 물질적 가치로부터 새로운 가치 메시지와 연결시켜 가치 전이를 통한 공감각적 상승효과로 새로운 이미지를 제안하는 방식을 의미한다. 이 방법을 효과적으로 구축하여 바이럴을 확산하고자 다방면의 노력을 기울인다.

스토리텔링을 활용하여 마케팅에 사용한 일례를 들면, 대만의 주얼리 브랜드 스토우지를 들 수 있다. 스토우지는 중국 고전인 《홍루몽》과 브랜드를 연결시켜 스토리텔링을 진행해 브랜드를 재각인시키는 데 성공했다. 홍루몽의 사랑 이야기와 중국 태초의 신 여와가 지닌 신령한 돌을 스토우지의 주얼리 스톤 이미지에 연결시켜 스토우지의 브랜딩으로 승화시켰다. 스토우지의 주얼리를 착용하면 영원한 사랑이 이루어진다는 의미를 가미해 일반적인 주얼리의 범주에서 홍루몽의 신령한 돌과 같은 이미지가 된 것이다. 풍부한 상상력으로 상상 이상의 이미지 상승효과를 불러일으켜 다른 주얼리 브랜드와 차별화하는 효과를 가지고 왔다.

상상력을 자극하는 스토리텔링의 힘은 최근 마케팅의 세부 전략에 있어서 아주 중요해지는 기법이다. 그리고 스토리텔링은 세부적으로도 사용이 가능하지만 아예 순서를 전복하여 브랜드 근간에 사용할 수도 있다. 이처럼 다양한 방법의 구조화를 통해 브랜드의 철학과 메시지를 어떻게 전달하고 효과적으로 구현하는지가 마케팅 구조화에 있어서 중요한 점이다.

브랜드의 앰버서더로 대표되는 스타들, 인플루언서나 오피니언 리더, 배우 등 스타들의 이미지를 빌어와 브랜드의 페르소나에 상징성을 추가 결합하여 브랜드 확장 효과를 전파하려는 것도 마케팅에서 이미지 전이를 통한 소비자 확장 전략의 일환이다. 더 젊고 에너지가 있는, 새로 부상하는 젊은 세대로의 중첩과 확산을 노린 것이다. SNS 소통의 일상화로 인해 브랜드가 창출하는 관계의 파워는 네트워크 구축의 단계로 심화되어 가고 있다.

기업체의 브랜드는 소비자와의 관계를 구체적인 이미지로 형상화한 것이라 할 수 있다. 우수한 브랜드를 구축하고 이것을 소비자와 소통하여 브랜딩을 확산하기 위해서는 오랜 시간과 정성이 필요하다. 소비자는 이성적인 접근보다 감성적인 면이 강하다.

문화적, 신화적 가치를 접목한 브랜딩을 통해 브랜드에 대한 로열티를 강화하는 부가적이고 핵심적인 가치를 가지게 된다. 소비 형태의 변화, 다양화, 고급화, 개성화로 문화적 헤리티지 가치를 중요시하며, 감성 체험, 감성 기술을 중요시하는 맥락 아래 럭셔리 브랜드 또한 기업의 사회공헌 방식으로서 문화 마케팅을 전략적으로 지향하는 경향을 띠고 있다.

특히 공감대 형성의 기반은 마인드 쉐어하는 방식의 언어로 이루어진다. 이러한 교감을 위해 온 오프라인을 가리지 않는 다각도의 커뮤니케이션이 진행되고 있다. 마케팅의 접근 방식도 그룹화에 따라 매스티지 마케팅과 목적 고객층을 좁히는 타깃 마케팅으로 접근하는 방식이 있다.(Mass Marketing / Target Marketing)

이처럼 파격적인 방식의 융합점을 통해 새로운 콜라보레이션을 진행한 럭셔리 브랜드는 럭셔리와 편의점의 만남을 진행한 까르띠에(Cartier)를 들 수 있다. 고급스러운 프레셔스(Precious) 편의점이란 재미있고 파격적인 콘셉트로 브랜드에 대한 친밀감 제공했다. 까르띠에는 2018년 9월 21일~9월 30일까지 도쿄 오모테산도에 편의점을 열었다. 그 편의점 안에는 특별한 까르띠에를 경험할 수 있는 제품 사용권으로 저렴한 가격에 구매할 수 있는 것들을 판매하여 큰 호응을 얻었다. 평상시에 소홀하던 브랜드 이미지를 평범한 것과 결합시켜 새로운 이미지로 전환하고, 재미와 흥미를 느끼게 하는 새로운 시도를 하였다. 그 안에서 판매되는 상품은 예약이 힘든 최고급 레스토랑의 이용권으로, 이를 까르띠에의 가치관을 녹인 브랜드 이미지와 결합하여 판매한 것이다.

이러한 새로운 시도는 대중들의 폭발적인 관심을 이끌어냈다. '저스트 앵 끌루'의 캠페인으로 진행한 'just un clue' 디자인은 평범한 일상에 있는 한 개의 '못'에서 기원했다는 점에서 착안해 기획된 마케팅 방식의 일환이었다. 그리고 일상에서 흔하게 접하는 편의점이라는 공간을 통해 젊은이들과의 소통을 위해서 기획되었다. 하라주쿠와 오모테산도의 주택가 사이에 위치한 장소에서 1만 원 컵라면을 판매하였는데, 까르띠에 컵라면이 대인기를 끌었다. 특별한 편의점에서 판매하는 컵라면에는 라면 대신 회원제 고급 레스토랑인 산미의 디너 이용권이 들어 있었다. 산미는 일본의 회원 전용 레스토랑이다. 한화 120만 원짜리의 저녁 코스요리를 한화 12만5천 원, 1인당 5000엔이라는 저렴한 비용으로 이용할 수 있는 혜택을 부여하는 판매권 이벤트였다. 이러한 특별한 방식의 접근을 통해 브랜드의 이미지 전환과 고객의 확산을 이루려는 전략이라고 할 수 있다.

유명 세프와 협업 상품을 만들어 진행하는 것은 이제 흔한 방식이 되었다. 도넛, 케이크, 초콜릿 등에 걸쳐 많은 협업이 이루어진다. 그리고 또 한 가지는 화장품 회사들이 팝업 스토어와 오프라인 스토어를 제품과 문화 체험을 동시에 하는 복합 문화 공간으로 활발하게 탈바꿈시키고 있다는 점이다. 브랜드들이 플래그십 스토어를 활용하여 요리, 일러스트, 수공예 등 원데이 클래스와 비슷한 개념의 프로그램을 진행하고, 스파를 개설하여 몸과 마음의 힐링을 추구한다. 운동 프로그램과 연계하여 온 오프라인 통합의 연결성 확장을 이루기도 한다.

리미티드 에디션을 기획하여 고가 라인의 익스클루시브 상품을 기획하고, 이러한 네트워크를 만들어서 더 많은 가치와 연결을 창출할 수 있다. 이러한 액티비티는 관심 있는 사람들끼리 공유하는 입소문으로 이어지며, 혜택을 공유하는 사용자 간의 연결 관계가 생성되어 네트워크 효과가 자연스럽게 이루어진다. 비즈니스에서 주도권 선점을 위한 간접 네트워크 효과를 이루어 소통의 플랫폼 확장으로 귀결된다. 이러한 형태를 마켓 플레이스, 플랫폼 커넥트와 앱스토어로 자연스럽게 연결되어 의사소통의 통로가 형성된다.

즉 제품이 콘텐츠화되어 공간에서 소비, 체험되고, 그 콘텐츠는 네트워크의 효과로 연결된다. 이것은 사용자 연결을 통해 경험이 공감각적으로 치환되는 효과라고 할 수 있다.

굳건한 브랜드 문화를 배경으로 하는 브랜드로는 리바이스를 꼽을 수 있다. 리바이스는 미국 역사의 일부이며, 골드러시를 상징하고, 서부 카우보이 문화를 대표한다. 영원한 젊음의 상징이며 젊은 사람들의 마음에 다른 것과 대체될 수 없는 문화이자 신화로 자리 잡고 있다. 리바이스는 마케팅적 관점에서 브랜드 메시지를 독창, 정식, 혁신으로 삼으며, 미국 군대와도 연관이 되어 있는 단단한 신념과 연결되는 브랜딩과 브랜드 문화를 구축하였다.

7. 유통 채널 확장과 생산 구조 확립

1) 유통 채널 구조의 확립과 확장(CHANNEL EXTENTION AND STORE STRUCTURE BUILDING)

전통적으로 럭셔리 비즈니스 브랜드에서는 브랜드 기원의 역사와 함께하는 오프라인 스토어를 보유하고 있다. 그리고 이러한 스타일을 선호하고, 기본적으로 오프라인 매장을 확장하여 간다. 그 이유는 헤리티지를 위하여 처음 설립을 한 역사적 장소에 매장이 지속적으로 존재하여 그 자리를 명소화하고, 가치를 보존하고자 하는 측면이 크다. 그런 면에서 브랜드의 창립 스토리와 기원에 관한 것과 실물적인 제품 퀄리티의 구현이 럭셔리 비즈니스에 있어서 중요한 부분임을 알 수 있다. 럭셔리 비즈니스 브랜드에서 오프라인 스토어의 의미는 브랜드의 가치를 체험할 수 있는 구체화된 경험의 중요한 축이라고 할 수 있다.

유통채널의 확립을 위하여 글로벌 환경에서 문화적으로 중요한 도시에 매장이 설립되는 것 또한 중요한 의미를 가진다. 문화 예술적인 가치를 선도하는 측면에서 어느 도시에 어떠한 매장이 자리하는지도 중요하다. 럭셔리 비즈니스는 정신적인 가치의 비중이 크기 때문에 이러한 부분이 항상 고려되어야 한다. 본사가 자리한 오프라인 스토어는 본사가 직접 관리하는 경우가 많으며 제품구성과 판매 방식, 응대 태도 등 세부적인 디테일까지 매뉴얼화되어 교육이 된다. 이러한 것이 모두 연결되어 럭셔리 브랜드의 영속성을 의미하게 된다.

오프라인 매장은 플래그십스토어로 브랜드만의 독립된 상점으로 구성되는 경우가 있고, 백화점 내에 입점하는 경우가 있다. 전통적인 럭셔리 브랜드의 경우에는 백화점의 수준과 상권을 조성하는 영향력이 있기 때문에 이러한 것이 큰 반향을 일으키는 효과를 가진다.

신규 브랜드의 경우에는 어떠한 방향성과 전략을 가지고 접근하는지가 포지셔닝에 중요하다. MCM이 글로벌로 확장할 당시 중국과 홍콩 등 초고가 럭셔리의 전략으로 포지셔닝하여 오프라인 매장을 입점해 나갔다. 그 후 업그레이드 되니 상품과 함께 자연스럽게 프리미엄 럭셔리로서 자리 잡게 되었다.

팬데믹 이후 중요하게 떠오른 디지털화는 럭셔리 비즈니스에서 큰 화두이다. 소비자 구매 결정의 95%가 디지털을 활용한 디지털 메타 여행 여정에서 진행된다고 한다. 특히 디지털이 익숙한 럭셔리 최연소 구매자인 Z세대의 대두와 함께 디지털 채널 구축과 온 오프라인 채널의 원활한 연결을 통한 옴니 채널 구축은 럭셔리 브랜드의 큰 화두이다. 이러한 채널이 럭셔리 비즈니스 브랜드에 구축이 제대로 안 되었을 때, 그곳에서 비즈니스의 기회를 찾은 것이 파페치(FARFATCH) 같은 명품 패션 유통 플랫폼 채널이다. 현재에는 많은 럭셔리 브랜드가 이러한 부분에 중요성을 인식하고 온라인 홈페이지와 다른 플랫폼을 통한 채널의 확대를 염두에 두고 계획하여 비즈니스를 전개한다.

그러나 이러한 접근이 브랜드의 전략과 맞물려 방향성에도 부합하는지가 중요하다. 특히 가격대의 유지와 온라인 익스클루시브 상품의 운영 등 다양한 온라인 스토어를 위한 제품과 마케팅적인 전략이 별도의 부서로 따라붙게 되는 추세이다.

구찌는 온라인 익스클루시브 제품을 제일 먼저 기획하여 이 부분에도 선도적인 위치를 선점했다. 어느 브랜드가 혁신을 먼저 이루는가가 큰 변화의 단초를 이루는 기점이 된다고 할 수 있다.

럭셔리 브랜드의 재고만을 따로 관리하는 판매채널과 트레블 비즈니스 채널 등 유통망에 관한 다양한 접근이 별도의 익스클루시브 기획과 함께 기획되어 준비되고 입점되게 된다. 그러나 이러한 방향도 브랜드의 철학과 럭셔리 비즈니스에서의 계층 브랜드 관리 전략에 따라 다르게 적용된다. Accesable Luxury로 분류되는 브랜드들은 이런 부분에 별도의 채널을 비슷한 그레이드의 브랜드와 함께 진행하기도 한다.

그러나 초고가의 브랜드 가치를 원하는 럭셔리 브랜드들은 재고를 판매하지 않고 메이킹 수량을 제한하기 위해 폐기해 버리는 전략을 취한다. 이러한 것들이 브랜드 전략의 기조하에 움직이게 되는 부분이라 할 수 있다. 리세일 매장은 환경에 대한 관심과 순환경제에 맞물려 있다. 그러나 브랜드가 관리하는 범주 안에서 유통 채널이라고 하기에는 무리가 있다.

2) 생산구조의 확립(PRODUCTION STRUCTURE BUILDING)

럭셔리 비즈니스 브랜드에서 생산을 진행하는 방식과 사슬처럼 연결된 구조는 제품과 브랜드의 철학과 럭셔리의 퀄리티를 구현하는 것에 밀접한 연관성을 가지기에 아주 중요한 부분이다. 특히 생산에 있어서 지역의 풍물과 특산품을 활용한 다양한 노하우와 공예적 디테일을 구현하는 테크닉이 존재하고 그 특별한 기법을 전승하는 장인들과 조직을 운영하는 모든 노하우, 방법이 제품에 독특한 차별점을 가지고 반영된다. 이러한 부분은 자재와 디테일을 표현하는 소재의 표현적인 측면과도 연동되기에 기초가 되면서도 완결로 이어지는 처음과 끝으로 대변되는 부분이라 할 수 있다. 안정되고 특별한 포인트의 숙련된 퀄리티를 유지하는 것이 럭셔리 생산 구조 확립에 필수적인 부분이다.

기초적인 공방이라는 개념과 유서 깊은 히스토리는 특별한 인증방식을 동반한다. 특별한 생산 방식과 연동된 것들이 럭셔리 고유의 노하우와 브랜드의 정체성에 반영되는 것들도 흔히 있다. 그래서 이러한 생산 구조는 브랜드의 운영과 정체성을 나타내기에 다양한 조합적 모듈이 가능하다. 이러한 방식은 글로벌한 생산 구조를 가지고 있는 현대 럭셔리 비즈니스에서는 더욱 다양한 형태를 띠게 된다.

브랜드 비즈니스를 구성하는 생산과 소싱은 머천다이징 기획과 긴밀히 연결된다. 때로는 바잉으로 글로벌한 형태를 가지고 진행되는 경우도 있고, 생산의 구조는 브랜드마다 각기 모두가 다 다른 필요에 의한 방식으로 변화하고 취사선택의 과정을 거쳐서 발전을 이루어 간다. 따라서 이 과정은 개별 럭셔리 브랜드의 고유 방식으로 남겨두기로 한다.

한정된 재화를 어느 부분에 집중해 투자하여 성과와 함께 브랜드의 럭셔리한 지점을 정체성으로 선택, 구축하여 갈 것인가는 각 브랜드의 개성과 차별적 전략으로 발전되어 가는 상황이다. 이러한 환경 조성이 그 브랜드의 철학과 성격을 결정하는 경우도 흔하다. 럭셔리 비즈니스에서는 퀄리티에 대한 검증이 중요하므로 생산의 안정화와 함께 퀄리티를 오피셜하게 증명하는 기술도 같이 발전하고 있는 상황이다.

럭셔리의 가치구조는 럭셔리에 대해 소비하는 소비자의 접근 태도에 따라 퀄리티를 대하는 방식도 달라진다. 이러한 현상과 연동하여 리세일과 리폼 비즈니스도 럭셔리에서 파생한 새로운 비즈니스의 형태가 되고 있다.

생산 구조는 브랜드의 정체성에 따라 달라진다. 비스포크에 중심을 두었다면 시간이 많이 소요되더라도 개인의 맞춤에 포커싱하는 일대일 퀄리티 맞춤의 생산 조직과 수급을 완성할 것이고, 럭셔리라도 대량의 플로우 라인을 위한 별도의 생산 라인을 가동할 것이다. 럭셔리에도 가격대와 유동하는 인기에 따른 사회적인 위상 맞는 피라미드 계급이 존재하고 있기 때문에 이러한 방식에 따라 생산 구조를 확립하고 디자인의 기획 방향성에 맞는 생산처를 수급하여 구조를 구축하는 것이 중요하다고 할 수 있다.

브레인스토밍과 융합의 시대
Fashion & Passion

'Fashion'은 라틴어의 '팩티오(Factio)'를 기원으로 하여 파생된 단어이며, '만들기, 행위, 준비'라는 의미를 가지고 있다. 패션은 단순한 의복, 복식만을 지시하는 것이 아닌, 더 확장된 광의의 의미를 포괄하는 것이라 할 수 있으며, 자신의 정체성과 개성, 가치관을 표출하는 전방위적인 수단이다. 아울러 특정한 시기에 유행하는 의복의 디테일과 스타일, 헤어 스타일과 메이크업 동향을 포괄하는 생활양식이라고 할 수 있다. 한 마디로 패션은 문화의 양식을 표현하는 코드이다. 그리고 이러한 코드는 그룹문화의 코드와도 연동된다. 즉, 큐레이션 된 라이프스타일의 표현이라고 할 수 있다.

패션의 소명은 시대와 사회의 변화를 반영하면서 새로운 문화와의 결합을 통해 강력한 에너지를 전달하여 스타일과 표현을 창출하는 것이다. 패션은 인간의 근본 욕구를 반영하는 기본요소 중 하나이고, 예술적 가치와 편리한 혁신을 반영하는 것이기에 다양한 사회 문화적, 과학 기술적인 분야와 연결되어 있다. 따라서 인지과부하가 될 정도로 난무하는 정보와 아이디어에서 가슴 뛰는 패션(PASSION)을 간직한 브랜드만이 글로벌 비즈니스 무대에서 두각을 나타낼 것이라 확신한다.

글로벌 패션 비즈니스 필드 중 럭셔리, 특히 액세서리가 차지하는 비중은 개별 브랜드에서 전체 매출의 85%가 넘는 부분을 차지하고 있다. 이 머천다이징 아이템 구조와 비중에 대한 정보와 인지는 비밀에 부쳐져 있다. 패션을 상용화하지만 어떤 것을 추구하는지 세부적인 파악이 이루어지지 않았다는 의미이다.

하지만 글로벌 럭셔리 브랜드의 광고를 들여다보면, 가방과 신발, 스카프, 쥬얼리 등의 액세서리를 착용해 스타일과 유니크한 아름다움을 전달하고, 이런 구성은 샤넬, 루이비통, 구찌 등 대부분 럭셔리 브랜드들이 공통적이다. 럭셔리에서 액세서리는 헤리티지와 그 브랜드의 아이코닉함을 대변하는 역할을 하기 때문이다. 때문에 홍익대학교 패션 대학원 패션 액세서리 디자인 교수로 임용이 된 후, 이러한 실체적인 부분에 대해 구체적이고 실리적인 방향성을 구축할 수 있는 정보를 전달하고자 했다.

이의 연장선상에서 《럭셔리 브랜드 시크릿》이 글로벌 럭셔리 패션 비즈니스 산업에 대한 현황과 움직임을 조망하는 마중물이 되었으면 한다. 'PASSION'을 간직한 'FASHION'이 되기를, 폐쇄적인 럭셔리 비즈니스에 작은 비밀의 키가 되기를 기원한다.

박유정

Yvonne Youjung PARK